GET YOUR BONUS PUZZLES: Send us an email **sbrt.notebooks@gmail.com** and get some more sudoku (including Jigsaw Sudoku, X-Sudoku and much more).

Your voice is important:

Please support us and leave a review!

Copyright © 2020 by *SBRT* Notebooks
All rights reserved

Other Fun Sudoku Puzzle Books

by SBRT Notebooks

- Easy Sudoku Puzzles **by SBRT**
- Medium Sudoku Puzzles **by SBRT**
- Hard Sudoku Puzzles **by SBRT**
- Extreme Sudoku Puzzles **by SBRT**
- Samurai Sudoku **by SBRT**

And much more coming soon!!

Sudoku Rules

Each Classic Sudoku is consisting in 9x9 grid.

Insert the number from 1 to 9 in each row, column and 3x3 box.

Only one simple rule:

A Number Can't Be Repeated in Any Row, Column or Box.

HAVE FUN!

#1

2	1		5				9	
5			9	4				1
	3	5	8	2	9	1		
4								
		8		6	1	2		
1	5				4		7	6
	6	4			5			2
		2	1	8		4		9

#2

	4	1	9			5		
3					5		7	6
5		7	4					
	2			9				
		6	3	4		1		9
4			5		7	8	6	3
	6						1	
			7		9			
					3		8	4

#3

	9			6	1	5	8	3
5	6	8						
		1	7	5	8			
	5	7	9	8	2	6		
							5	
				4				
	7					3	9	
3			5	1	9	8		
9	8			3			1	5

#4

							7	1
	5							
	8		7	2		3	9	
	3		2	1			4	6
6		4	8		5	2	1	3
3	1		9	8			2	4
7							6	8
8	2		6		1	9		

#5

7			2			8	5	1
	8	2	3				9	
		1		8		3		
	5	4		9		1		7
				7			2	4
	4	9		3		5	6	
6	3	7		5	8			
				6		4		3

#6

	2	4			5	8		
	3		4		6		5	
1		7				6		
					9			
4			2			7		3
7		8	3	1	4	9		
				4	3		6	9
	4					2		8
9		6	5					

#7

7								
							7	4
	4	6	5	7		2		3
5			3		4	1	2	7
1	6							8
		7	1				9	
		3	6	9		7		
								5
9		8	4	1		6	3	2

#8

4				6		5		
1			9			2		7
8	4						7	3
7	5	1			2	4		9
3	9			4	1			
5		9						
								2
2			6	5	8	9	3	1

#9

	2	7						8
9	8	5			4			
	6		3			2	5	
			2	9				
	7		6					
8		2		3	5			
5	9							1
					2	9	8	6
	4	6	8	1		3	7	5

#10

		5	6				7	
2								
					7	8		
		1		2		5	8	4
9			4					
		7		8	1	3		
	1		2		4		6	
5	9		8				3	
7		2	3	9	5	4		8

#11

8		5	9			3	2	4
	4		5	8	2	6		
1								
						1		
				9	1	2		
							9	7
		7			4		8	3
5	1			6	9	7		
2	3							1

#12

	5	3	2	4			7	
	9	2	6	1	3			
			7	5	9	2	6	
		8		9			5	
9								
		7	4			3		8
							1	9
		9	8					4
	3							7

#13

6	2	8	4					9
	4						8	6
9		4	1	8			2	7
7				6		3		
1	6	2	7					8
		6				1	9	5
2		1	5	7				
8								2

#14

	4		5	2			7	8
				1	3			
	5	3						4
	3		8	9	5	4		
			7	6	9	5		
	8	4	6			3		
			9	1				2
2							1	5

#15

				5		3		
3			8	4				7
		4	3		1	9	5	
		6	4	9		8		
	5	2				6		3
		9		2	5			
			9			7		
5		3		8	7		6	4
				4				

#16

		3		6				
		9		4	1	7		
	5	7						
					5			
	8			1		4	2	7
3				5	2	8	9	1
9	4			6				
		8			4			2
7								3

#17

7			5				2	
			8		4	9		1
8								
		4		8	5	3		9
3			1	5	7			
					7	4	1	6
4	1	8	7	5	2	6		
6	2							
		3		8	6			5

#18

	1				5	4	9	
9	3	4	2				5	
							3	
	9	3		2			6	7
	5	7		9				
4				3	7	5	2	9
6				1		9		
3	7	8	6		9			4

#19

	8	4						
1								9
9	7	2					6	
5		9		4	7			
	2		3				7	
		6	2		9			
				8			9	
8		5	1				2	
			9			4	8	7

#20

	7							
	2				6			1
6		4	8	5			9	3
	3		6					
7	6			3		4	8	
2	5							
						3		
				7				6
	4	6	9	2	3			5

#21

9		1						
	6							
		2		5	9	7	1	
	9		7					
4	1		9	3				
					8		3	
	2	5	1		3	4	9	
1	8			5	6	2	3	
7	3			2	8			1

#22

7			5		1	2	4	
1	5	4		8			6	3
6			9	4	1			
	7	9						
				4				7
							9	
			7					6
	5					3	9	
4			1	3	9	5		

#23

1				6				3
2						6		
7		3		5		9		
	8	6	7		5	2	1	
9	1							
				8				
		1	5		4	3	7	
			8	6	2	4		1
		9	3	1	7	5		2

#24

	5							
		2		4				
	8					4		3
	2	8					4	6
9	7	6	4		5	1	3	
3				6	7	5		
2	3		8	1	4			
				5			7	1
	9	5	7				2	4

#25

						9		
5		7						
			9	6	5	1	7	3	4
			1	5	6	7	3	8	
		5		9	2	3	4		
							5	9
4				1	8			6
		1			9			3
6			8	7	3			

#28

					3	6		8
4				9	5			1
3	8							
				5				
	7	1			8			4
5		6		3	4			
7	9					5	6	3
2				4			9	
	1				9	4		2

#26

	7	4				9	5	
3	5	8	7				9	6
9								3
					5			1
6			4				8	
5	3			8	2	4		
		6	3	8				
4				2				
			1			6		2

#29

2			1	4	6	9		
	5					1	6	
							8	
			4					
			9	7	5	2	4	
	9		8	6	3	5	1	
	8	9						6
1	6	4		2	8	3	7	
							8	5	1

#27

		3	9	5	6			
		7				8		
	5		8		7			
	1	4	6	2	8			
9	7					1	2	
					9	6	8	
				5		3		4
3		6			2			

#30

6								
				3		7		6
			4	6		1		9
7	1	9	2	8			6	
	2							
3			9	7		5		2
	3	5	6				7	4
	7			1	4			
4		2		9				1

#31

2		7		1			3	
5								
			9				1	
8					9			
				4	2	5	1	
7	2	1	5	6		3		8
		3	2		1		4	
			7					6
	8	2	6	9	5	1	7	3

#32

		3	9	1	4		7	
1		6	7	3				
						1	5	
7			5					3
		5				1	8	
	3		2		6			
8					2	7		9
3					9	5		
6	5	9		7		4	2	1

#33

9	8		5		6	4	3	
	3	5			1	8	9	6
4	1	6		8			2	5
			8				5	4
			6					8
8			4	9	3			7
			9	3				
		3						
		4	1	6				3

#34

1				9				
	8							
	3				2	5		
5					3			
		7				6		4
2	6	3	8				9	
				7				
		9	3	8	1	4	7	5
7		8			4	9	2	3

#35

		1		6	5	7	2	
								3
2				4	3	8	6	5
			9	1	2		5	7
7	2	4	6					
								6
8	1	2						
	4	6	2	7			3	8

#36

9								
				1		7	6	2
		2				8	9	1
		6	2	7		4		9
8						5		
7	5	9	8	4	3		2	
		3	5	9	1	6	4	8
								5
					8			

#37

9		4		5	3			6
2		8						
					4			
8		6	4	2	9	1		
3	1	2		8	7			
4		7	3		1	8		
	2							
6						5		
					2	3	4	7

#38

				5		6		
	4						8	
	6	8	7	4				
				9	1			
	1	6			2	8	9	
	9		4		8	1		
			9	3	5	4		
3	8	4	1	2		5		
2								3

#39

8	7			6	3	4		
	3	1		8			2	9
					6			
			9	6				2
2					1	9	7	5
9	1	8	2					
1		6			4	2	9	
		7				5		6
3	5		6					7

#40

	8	9	6	5	2	4		7
4				9		8		
6	5			1				8
9	4	6				8		
				2			6	9
		7	1	2				
				8		1	3	
					9	2	7	5

#41

4		7	2	5	3	8		
2			8	9	4	6		
				3	5		2	
1	7		6	2	9			8
				1				
								2
	9	8	3	6	2	1	4	
				4	7	9	8	3

#42

6	2		3	1				
			6	7	4	9	3	
			8	2				
9	1				7			
4		5						6
			4	3	8			
						8	6	
5	4			8		2	7	9
8			5		2	1	4	3

#43

	4		3					9
		6		2		4		
		9		4				
9			7	3			8	
	8	4		1	5	9	7	3
1			2			5		
6	7	1	4		9			2
	2	8	1					
					2	8		7

#44

1	6			7	3	2	4	
				8	6	5	9	3
	8	3			5	1		7
	1			4				
	4	8					1	
				3				
	2		8					
				1			8	
	9				4	6	2	1

#45

3		8	9	4			1	6
				3				
6					1		7	
		3				9		8
		4	1			3	5	
		9		5	3	6	4	
	5					7		4
							8	5
		1	4			2	6	9

#46

	6	2	1			4		5
	7	9			5		1	8
5								
	4		6	8				
				3			8	
		8				2		
	3	7	5	1	2	8		
	5	6	4					7
		4	8	6			3	9

#47

		2	4				3	1
							9	7
7	3	1	8	2	9			
		8		9	4	1	6	
		9		1		7		
2	1							
								6
		7			5			
9		6			8		2	4

#48

		8						
	1	5	2	4	3	6		8
6						1		
		3	6	5			8	
	5				2	9		
		2	9			4		
		1		2		7	3	6
				1	6	8		4
	2	6	4	7	8			1

#49

3		2	6		7	4	1	8
	1	6					2	
	8	4	3			5		
							9	
				7		8		5
4					6	3		
8	2				4	6		7
5	3	9	7	6				
							5	2

#50

	9		2		8	4	3	6
		5	9				2	
					4		9	
	5	3						
			1	3	6	9		
		6		9	7			
5	1	4	3			7	6	2
3	6					5		
8	2			7	5	3		

#51

	5	6	7	8				
				5	4	2		8
4			3					
		9	1	7		3		
		8				5	7	9
	3		9	4	5			
				1	7		8	
		5	8		6	4		
						1	9	7

#52

		3			4	1	8	
4	9	6	1	8		5	2	7
		5	7			4	6	
	4				8			
								6
					5	9	1	
3								
		9		1	2			
6	2	8		9				

#53

2	6	7				1	5	
					5	9		6
9			5	4	8	7	3	
				7		2		
					9			5
	3			1	7			4
			4				8	7
7	4	5	6	8				

#54

2								
			2	3	8	6	1	
	4	3			1			
	6		8			7		
1	9	5			2	8		
		8	5		4		3	9
	5	2			7	4		
	3		4	2	6	9	5	1

#55

8		7			5			
4			8				1	
1								4
		2		4			9	5
	3			5	6			
				9			8	2
	5							
	4			8	3	2		5
	8		1		5			

#56

				3		9	7	
				7				
		4		5				
	4				5			
		3		8	4	2		6
	1		3	7		9		
			5	2		7	3	9
7				9	1			
	9	6					5	4

#57

			6	7		3		
1	3							
2					1			7
3	7	6	8			1		4
4		1	3		6		5	9
							3	6
6	9	3	2	1				
				9				
5				7	8		9	

#58

8	7	5		1	6		4	
			7		9	5	1	
1	9	4	8	5	3			
5	3	2		9			8	
4	1	8			2	7	9	5
				4				
		7	9			1		
				3				4

#59

				9	7	3		
		7		3		4		
2	3	9	4	8		6		5
5					3	8		9
8	4		5		6		7	
		3	8					
	1		7	2	5	3		
		4						7
6								

#60

9			3				1	
2	4	5	7		1		8	9
8	3							
				5				2
1	2							4
				2		9	6	8
4	1				7	8	9	6
6	8	3	9					
7		9	8					3

#61

5								7
8			3	6				
	9					6	2	
		2			3	9		8
	3	9	7		5			
	8	5	4	9				
			9					4
2	1				4	3	9	6
9				3	6	7		

#62

			8		6		1	
		2						9
	8				7			3
3	1			2				
6		5	3		4		7	
9		1	7	5			3	
2		4	1		8	5	9	
	7							

#63

4			5	9	2		1	
					8	5	3	2
	5				1		7	3
6	4	7						
2	3		4				6	
				7			4	1
		4	6	8		7		9

#64

			7		8	5	1	
1	3		4				6	
								8
		3		4		7	5	9
2				6	3		4	1
4							2	
5	6		3					4
				2	5		7	3
3						1	8	5

#65

				6		4		
4			7	2		1		
6	1		4		8			9
5			9		7		2	4
9	7	4	3			5		1
			5			9		7
7		1	8	3				5
		9	2			6	4	

#66

	3		9		6		7	1
		4		2		9		
9	1					2	3	4
					4			
					2	3	1	8
	6	9			8			2
			2			7	8	
3	7	2	8				5	
			4	3	7		2	6

#67

	9							
		2	3			9		8
8						3	7	
			8					
				1			6	2
1	8	4			2			
7	2		9	8		1		
			1	3				
		9	2		5			7

#68

								1
					3			9
		8	5		7	2	6	
					5		7	
1	8	2	4	7	6	9		
					8	4	2	
	3	4		6	1	5	9	2
	6							
2	5		8	9				

#69

		2				5		7
4	1							
						6	9	
1			5	7	6		8	2
2	7	3	1		9			6
		6	3	4				1
6	9		2	5	7		4	
	5					7		
		4	8	9				

#70

9						5	3	6
5		7	2		6		8	
	5			9				4
		3	5	2	4	9		8
2								
					8	7	1	2
		8	7	5				3

#71

					1		6	5
4	1	7			6	9	2	8
		2			7			1
7		5	1				8	
	8							
	4		6	7			3	
					9		7	
2		4	7	6				
		9		1	4	2	5	6

#72

				1	3			9
	2	4	7		8	6		1
8						4		
			2					
				8	1			3
7	8			3	6	5		
	5	7	3	6	9	1	4	
	6	8						
	1			4				2

#73

7		1	9					
3		8		2				
	2		1	4	6			
							7	
					9	5		
			3					1
	5	2		3	1			7
			8	7			4	5
6			5	9		2	1	3

#74

6	5		8	7	9			
							7	8
7	1	8	4			5		
8								
						2		9
1	2	6			4	8	3	
			3	4	7	9		
4		3			2			
		7	9		5		1	3

#75

1			2			9		
3			5		9		8	4
7							1	2
9				4				5
6	5				2		4	1
	4			7	5			9
	6		1	5	8	4		
5								
							6	8

#76

	5		7	4		2		
								6
	9						4	1
8								
9	7	3	6	8				4
	1	6				3	8	
5	8	7	2	6				
		9			3		2	5
3				9	8			

#77

6								4
	3		7			2	6	
7	8	2						
				3	4		5	
5	2		1	9			3	6
3	4		2	6				
					9			5
		7	4	5				
				7	2			

#78

						6	9	5
3	2	5	4		6			7
			6		4	9	2	
2	5	8			1	7	4	
6		4		2			1	
	3	6						
	8	9	7			2	6	1

#79

		7		2			1	
						8	5	4
4	9				5			6
			2	9			3	5
		6						
2	5				7	1		8
							8	3
1	7	5		3			4	
			7	6	2			1

#80

	8	7				3	6	
		4	5	2	3			1
3				6	7	9		
4	7				5			
1			4					
		8						
	2	1		5		6		
			3	9	1			7
7	9					1		

#81

		3		9			6	8
1	6	5	4		8			
	2	8			3	7	4	
3	8	4						
5			7			8		
		6			2		1	9
					5			2
				1				4

#82

6		2	5		4			8
8	4	1	7	9				
7								
2		7				3		
			2	7				4
4	8		9	3	1		7	6
1		4						
	6			8	2	1		
			1		5			

#83

			6	5	3	9		
9			4			3	5	
1	3	5				7	6	4
7	5	3						
2					8			3
	6	1					7	9
		2	7	4				
	4	7		8		1	9	6

#84

5								
				2	1	9		
	3		5				6	2
	6			5		1	2	8
		2			9	6	7	
				6	2			
6	5		8			2		
						3	9	1

#85

				6	7	3	2	
							9	7
5					3			
4	7	5	6	2	8			
						2		5
	2		7		5			6
	9							3
6		3	9	5	2		8	1
1			3					

#86

4		9	3					7
1		5						
3	6	7				8	9	2
8	3		6					
	7	6	8	4				
			9					
						6		
	9	3	1				7	
6	4	1		8		2	5	9

#87

1	2				4	5	8	
	3	4	7				1	9
			8			3		7
6	1					7	9	
	5				9	1		
				2				
3	6	5				9	2	
	4		5	3		6	7	1

#88

3				1	7	6		
9				8	4	3		
4	2	7		6	3	1	9	8
7	6		1		5	2		
					6	4	7	
8	5					7		
		9		7	8	5		
		2					3	4

#89

6		5			1			
					6	7	1	3
		1		2	9	6		
	3	6	9	7	4		8	
	4	9			2		7	
						3		4
9								
			2					
2				1		5		

#90

4						3		5
6	1		3					7
		3	6				2	9
5		9	7	6	2	4		
	2		5	1	8			
1			9	3		5		2
2		7		8				
					7			6
	4						1	8

#91

4			6				8	
			3			2	6	
	2		8	7			9	3
2	8	3				7	1	9
		6						
							2	
8				9	6	3		1
3	6	5	2	4		9		
1					3		5	2

#92

1	2	6						9
	4							
	5	9		6	7	4	3	
9	6	4	2			8		5
5		1						
		2		1	9		4	6
					1			
	9	8						
			7	8	6		5	4

#93

1		2		6	9	7		4
4	3							
			2			3		
	8		5	4	2		3	7
				8				5
			6			4	7	3
	4	3	9	7	1	6	5	8
5	7							1

#94

	8		5	6	1			
								1
		5	3	4		7		
	7	1	6		4			9
	5	3		2		8		
	9		1	8	3			
9	3	8					6	2
5	1	2						
			2		8		9	5

#95

	1	7	4	9	5		6	3
6			8					
		8					7	5
4					9			7
7	9			8		5	4	6
8		5					9	1
				1		4		
			3					
	2	3		5	4			

#96

					3			7
	3				6			
5		1		8				
8				7			3	4
	1	7			4		9	5
	5	4	9	3		8	7	
				3	2		9	
								1
4	7	2	1					

#97

		6	3	1				
1				7			5	4
				4	8		1	
2							7	
6			2					
	8	1	4	5	7	6	3	
					4	9	8	
	5	9	8	2				7
8			5	9			2	3

#98

7		6	9			5		4
	9	8		1	4		7	3
4		2	5					9
8	2							
	5	3	2	4				
					1	3	2	
3		1	4		7	9		
		9					1	
			1	2				7

#99

		6	4	8	7	5	9	
7	5					4		
			9	2	3	6	5	4
				6				1
								7
5	4				2			9
	9			5	8			2
2		8	3	4	9	7	6	5

#100

				8		9		
	8		6	9		2	7	3
2			4					5
8	2		1	7	6	5		
	9				3			
1					9	7	6	
	6	2						
	1				4			2
3					7	8	1	6

#101

				5				
	7	3		2				
				1	7	5		4
4	9		5	8	2		1	
	5	8	7	6	3			
		6						
					9		8	6
	1	9	8	3	5	4		7
2			6	7				5

#102

		3	2	1		8	6	
	7	5	6					
							5	2
						2	3	
	2	4	8			9	7	
		1		9		5		6
4					9	6		
8								9
6			5	2	7	3		4

#103

			4	9	6		8	2
5		2	8		3	4		1
6	8	4	1		2			9
9							4	3
1								6
			7			1		
				1	4			
4	2	7			5	3		8
		6			7			

#106

8			1	9	6			
	7						8	1
						2		4
7	3	4						
		8	3				4	
6	5	1				8	2	
5	8	7					1	
1	6	3	2	8	9			
4			5		1	3		

#104

3		1					9	5
		9						
	8		3	7		1		6
5	3				4			
			7	1		5		4
					2			
	4	2	6					
	7			5	3	8	1	2
1	5		8					

#107

3					4	9	7	6
7		2						
							2	4
		8		3	7	2	1	9
4	7	1		2	8		6	5
1	2			4	9	6		
		6	3	1	5			
								8

#105

		6			3			
							4	9
3	4		1	5	9			
4								1
		1	8			7	9	
	9	7		6	1			8
7							6	
	8	4		9		2		7
		3						4

#108

4	8						6	5
							1	4
				5	3	7		
6			1					9
7		8	2	3	5		4	1
	2	4				5	7	3
9				2	4			
	4			7	8			2
					9		3	7

#109

	8	4	1		2			
						8		
		2	6	3				7
						1	5	
6	3			1				4
8	2	1	5	4	3		7	9
9				2	1	4		8
2			3	6	9			
							3	

#110

		7		5	4		1	
				7	8	2		
							7	6
				6	3	1		
	6		9		7			5
5				4	1		6	3
		6		8	9		3	2
	8	5						
4	3						8	7

#111

				1				
			9		7	3	4	1
4	1		2			9	6	7
					9			3
	6	9	4	7	3			2
					2	6		
3	2	7	8			5	9	
	9	6						

#112

			7	9		4	3	
8					3	2		
					5		7	
		1		7	6	5		
	2	5	9	3			4	
	7	4			1	9	8	6
			6					2
5						3	9	
					9	6	5	7

#113

	9	6		8				
			6	9		8	2	
				1	7			
8	6				9		1	
	2	5	7	6				
		4		5	8		6	
5					6			7
1	7	3		4	2	9		
		2	9		5			4

#114

		1			3	9	5	7
8		3		6	9			
			1	5	4	6		
				1	6		9	5
6	9	2	5	3	8			
							3	9
			3		1	8	7	
3			9			1	2	4

#115

7	2	1		5	4		9	6
3	4			8				
					6		7	
								5
	5	4					3	8
9	1					7		2
1		2			5	6	8	
					7			
		5		1	3		4	7

#116

				4			2	
	6							5
						4	8	
9			8					
			9				1	7
5	7	1		2			9	3
				8		9	7	4
3	9			1	4		6	8
8	2							

#117

	1	4			5		2	
6								9
			7	4	6	1	8	5
2		1						
					8		3	1
9		5	1	6		2	4	
			4	3				2
				1	2		5	
1	2	3				7		4

#118

	2	8	7		4	5	3	6
4	5			2			1	
					6			
1		4	3				7	
	8		1		5			
3	7		4	9		8		
5	1							
		7		3		1	5	8
			5	4				9

#119

					9			
7			2				3	
1		2		5			4	9
9	7	5				4	2	1
							7	
							5	
			3			8		
		1	9					
	4			6	1	7		2

#120

	5	9	6	1	7	4		
4								
			2	5				
	8	5	1	4	6			7
							5	1
	7	1	3			9	6	
		6	7	2		3	4	
3	2							
	9			6			8	

#121

		3	4		6			
		1					6	9
	5	2	8	1			7	3
				2	8	9	3	5
5							4	6
		9	1		4			
1	7							
					1		9	
	9		3	6	7	2		4

#122

					1	3	9	4
3		8		4	6	7		
1	9	4			7	8		
					2			
				8	3			
		1					8	
	2	7		9				6
5	6							8
8		9	6					2

#123

		6					3	
1			4			6	5	
2		5				4	1	
							6	
			1		9	3	2	5
		8					9	1
8	5			6		9	4	3
4	7			2				6
			8	9	4			2

#124

		2						8
7					2			
	5				4			3
5		3	2	7	8	1	6	
6								
		8				5		
					9		3	
8	3	9	5	2	7		4	
1	4			8		2	7	9

#125

7					1		5	
				2	3			
					6			8
5	9			4	7	1	2	
4	3	7						
		1					7	4
	2	6		5	4	8		9
8				6		2		5
9	1	5	8					7

#126

2	8		3					
9	6			2				
	4			8	7			
8	5				4			
				3				4
			1	6			7	5
6			4				5	7
5		3	6	7	2			
	1					3		6

#127

3	6	2		8	4			
4	5	7		3			2	6
1							7	4
9	3	8	5					
6				2		4	3	9
				8	6			
							1	3
		1	4	3		9	8	2

#128

2			1	4				
		8				3	7	
5	6	1		7			8	2
6	3		8		5			
			2				3	6
		5	9	6				8
	5							9
3	8	6		9	1			
9	4		5					3

#129

7	5	1	3	6	2	8		9
9	6					1		
		4	3	8				5
								3
	6	7	5		4			
	3	1	4			8		
	4	2	9			5		
					9	1	3	2	7

#130

9	4		1	7		3		
			3		9			
	7	1			8			5
2	6	3	9	8	1	7		
		7		3				
1	9							3
			5	6				
4	8		7		3		6	2
					4	5		9

#131

				5	9	2	8	4
6	9			4	3			
2		3		9				
	4	9			8			3
3	6			1	5	8		
9	2	5		3		4		
1	8			2				9

#132

	7	8	6	5		4	2	3
4	5	6						9
					9	7	5	
5				7	2	9		
7		2	9			6		
6	9	3						
					8		7	2
	3		5				4	
2		9		7				

#133

			5					2
7				3			6	1
		6				9		8
2						1		
		8						
1	5		8				3	4
3		7	1	8				9
4	1	2	7		6	8		
9					4	7	1	6

#134

6		2	4		3			
4		3				1		
			6					7
			9			5	1	2
5					1	8	6	
	2			6	8	7	9	
7								4
8		9	5	7		2	3	1

#135

		6					8	
		9	7		8			6
				5	4	9		1
					5		6	
4		8						
			9				5	
						6	1	
7		2	4	9	6	5		
	6	5	1		3	4	9	7

#136

7				4	5	2		9
			9		8	7	4	
						5		
8								
	6	2		5		9		4
	2	4		7				6
		3	8		9		7	
				1	4	3	5	2

#137

8					1			
				7			9	
	6	5	2	9	3	1		
5	8			3		7		1
1	7							
		9	1			8		
9	4						8	3
	5	7	3	2				9
			5	4	9			2

#138

	6	5		7	1	2	9	
7			3	5	9	4	1	6
		9		4				
2								
	5							
			4			6		7
8			9	3				
1		6				8		4
5	2	3	1					

#139

		2	6		3	9	7	
		8	4		2		3	
			5				2	4
8	9	5		6	4			3
		3	9	2	8	7		
					9	6	5	
	2	1			5		9	7
4					6			2

#140

6	1	8					2	
						7		
9	4	7	2	1	5		8	
4		6		7				
	3		6	9				
		9	3					1
			5		9	2	7	
	6	2	7		3	1		
	9				1	5	6	4

#141

	3	1	2	8	4		6	
	8	5				2		
4	9	2	1	5	6		3	
	7		4					
				2				
							4	9
	2	7			3			
		6						7
5	4	8		9	7	1		

#142

1	5						4	7
3			7	1				
6	7		5	4	9			
						5		
	4		1	8	5			
8								3
			4					
					1	8	6	2
2	8	9	6		3		1	5

#143

							4	
	2		3	1	7			9
	3			6	8			7
8	9	3	2					6
						7		
	6	4		8	9	2	3	
2	5	1	7					
3		8	1	2			7	
		9	8					2

#144

6	2	1	7		4			
3	4	9		1	8			
	5							
4	6	8	3	9	2			7
		3		4	5	6	9	2
8	1							
				2	7		4	8
2						5	1	9

#145

	5	8			2			
3								5
7	2	4				8	3	1
			2	8	4	3	1	
2						6	5	8
	3	1						
								9
5	1	2	9	4	8			3
		9	3		5		2	

#146

6		3	7				9	5
			6	8	4	3	7	1
	7					8		
				7	5			
7		6	8	3	2	1	5	
	2							8
	1							
		4	5		9			7
8		2						4

#147

5	1	2	7				8	4
			5		1	7	9	2
9		8	4			1	5	6
6			8	1				
					7			
	9						6	
7	2	1	9					3
3	6					9		
				6				

#148

	6							
	8	3	5		4		6	2
7			8	6		3	1	
	5	9		8	6	2		
		6	4	3		1	9	
	9	8	2	5	7	6	4	
								7
6	2	7						1

#149

7	2	8				6		
6	3		8			2	9	
9	4	5						
					2			4
		3	1			8	2	
4	8	2	5	3				
	1		3	7		5	6	2
3			6					1
				5				3

#150

7	4	6	2					
5	8						4	2
3							8	
6	2		8	4		5		
	7			1	5	4		
	5		9	2	6		7	3
8	3							
							3	
			5	3	4	7	1	8

#151

6	7	3	5	4			2	9
	1	2	3					
						7		
	4					5		
								3
3		5	2	6				
		6				1	7	5
7		1		5	4			
	5	8	7	1		3	4	6

#152

9						8		4
5	8	4			9			
							9	
3						4	1	2
		6					7	9
1	5	9	4	2		3		
	3	7	9				4	1
		5	1	8		7	6	
6	2	1			3			

#153

	5			1		2	4	7
3	2				6			9
8	7	4						
			6			7	9	4
	8							
	6	5	9			1	3	
				6	9	4	8	
6	9	8			4		7	
1		7						5

#154

8		5	7	3		2		
				4			9	
3					1	6	8	
		6	5		4	9	2	
9		7		2	3		5	
		2	9			8		
6								
			3			5		
		8			2	4	3	9

#155

6	7	4				8		2
2	3			4	6	5	7	
9					2	1		
3	4	7	6	1				
			4					
1		6	2			4	8	7
			9	8		7		
							2	
5	9				1			6

#156

		8		9			1	
			6				5	3
5	1				4	9	7	6
	4				6			
6		9	4	5				
							4	9
	9	6	8				3	5
4		1		6				
		3						

#157

3								
		2	4	7		3		
7					6			4
4	8	1						6
9			6	1		2	4	7
				5		1	8	3
			8	6				9
1	5	4		9	7	8		2
	9							1

#158

8			7					
			8			2		6
		1		5	4			
2	6				9	1	5	4
							8	
1	3	4	5					
					5	4		
9	4				6		7	1
								8

#159

1	8		6				7	5
							9	8
7			2	1		6		
	1		8	7				2
		7	9	6	4			
4								7
		1			6	5	3	
			4					
	7	4		5	3		2	6

#160

4	1	5					8	6
				1				
9						1		
3								8
	2			8	7	4		
5							6	2
				9	3	7		4
					5			
		2	8		1	6		5

#161

8				5		3	6	
3	4	7		6		1	9	5
	6	5	9	1				8
4	2			3				
			2			5	3	
					6	7		
		9						
		2	6	4		9	5	1
						2		

#162

	3		4					
						8	6	1
6		9	1	5		4		
	7	6	8	9	2	1	4	
9	1	2	7					
					1	5		4
8					7	3		6
5	9			6	4		1	8

#163

		1	2					
	3				5	8		
	4		3			7	1	
	5				3	2		
		7	8	2				6
		3		9				
1		5	4		7	9	2	
4	8	9			2			3
		2		8				

#164

6						8		2
9		8	3					6
	4	2						
3				2	7	9		5
8							6	
5	1	9		6				3
7		1	4					
		6				3		8
	9							

#165

						9		6
6	1			9			4	3
		2	6	5	4	7		
		4	7	1				
								7
			8	4				
4		6	5	2				9
			3					4
7	5		4					8

#166

	3		4	6	7	2	9	
				5				
							5	8
5	6	8						
		2			1			
1							6	9
			5					6
			3	4	8	9	2	
9	4	7			6	3		5

#167

					9	5		
	6	5		1			7	4
7				5			9	2
3								
						9		1
4	7	6	5					
		2	3	6				
					7	2	5	6

#168

7						9		
				8				
			1			8	7	
6					1	4		7
4	7	3	9	5	2			1
		2	7					
	8							
			6		5		3	
	2	9	4	1			6	5

#169

				7				
7	3				8	1	9	5
	5	8			2		4	6
	2	4			7	6		9
							5	7
	8	7	6					
	7				4	3		
		9						1
	1	6	3	2	5			4

#170

9	2	5			1	7		8
8		1						
				4	2	1		5
7				5	6		8	
		2	3	7	4			
	1	3	2			5	7	
					5	8		
	5		9	1				2
								9

#171

			9					
				8	1			
		5	6			2	1	7
8				3	2	9		1
3	5	4	1	9		7		2
1	9		8				4	
4	7		2	6			3	9
5	2		3					
							2	4

#172

						8		
2		7	1	9	5	6		3
3	6		7			2	5	1
	2	8		7	3	4	6	9
4		3	2			5		
			4					2
6	3	1	9					
							1	
	7							6

#173

					9	2		6
		2	3	7			4	
		4						
				3	8	5	2	
7	6			5	2	3		
	9	1	2		5	6	7	
4	7		9	6	3			2
			7	1				5

#174

2					3			
				2	1		6	
1					5			
5	1	9	8	6	7		4	
		7						
				9		1	5	
7	9		2	1				4
	5							
					9	6	1	3

#175

6	9	5	8			3		
	1	3	9	7	5	6	4	
	2	4		1	6	8	5	9
					7			
		9						
		2	1	6	3			8
								7
5							3	6
9		7			8	1		4

#176

9				6	2		7	
		8	9		7	3		
3	7	2			1	4	9	
		7		5	6			
	1		8		9			
4	2							5
5	8		6	7				
								3

#177

9		1				8	2	
7	8		9			6		
				4		1	7	9
			2	6			1	
	1	7	5	9				
		3	7		8		4	5
1				8	9		6	
	2	9	1					
	3			7	2			1

#178

7							4	
	8			2	3	1		
5			6	4				
	7		4					
6					2	4		3
		9	3	5	6	7		
						9	3	
	3			9	1	8	6	7
		8	7					2

#179

					6			8
			7		2	1		3
8	6					5	7	2
6			1			3		
	8	5	2	4				
	1	3						
		4	9	2		8		6
		8						7
9	2	6		5				

#180

				7	3	5		
4		3	1	9			6	
7			6		5	1	9	3
		1			9			2
3	8					9		
				5	6			
8	9		2		4		5	
	7	5	9	3	8	4	1	6

#181

	2							5
	4	1		3	8	6	7	
9	7		4	2		3	1	
		3	6					1
		9	2				6	
			7	1	4	5		
			8		1	2	5	9
		5	3	7	2			

#182

	3		4	6				7
	7	9	3	1	5	6		
		1		9				
								6
						5		3
1			2			8		9
4		3	8	2				5
		2	1			4	3	8
		7					9	1

#183

			1				5	4
		7	8			1	3	
6	1							7
4	2							
		1	4		8	5		9
			9		3			1
1		4	6			8		3
	9			8		7	1	
	7	8	5					6

#184

9				5		3	8	2
			3	1	2		9	
			4		9			6
		9	1	7		8		5
5				2	4	1	7	9
7		1			6	2	3	
4							5	
		7	9				4	1

#185

	4				6			3
		9		4		5		
7		6	3	8			4	
	6							
		1	6					
					8	1	9	
				5			7	
		8			1	3		
	7		2		4		5	9

#186

	6	2				5		
5			2		8			
8						9	2	3
2		1	4	3	7		6	
								1
			1	9	2	7	3	
6	2	4		8			5	
						4		
3		5	7					2

#187

			3					
9					2	6		
1	2	8	5	6				7
		7						
2					7	4		5
				1			3	9
4				7	6		1	3
6								
7				9		5		6

#188

2	1	6						
		7						
		4		9			1	
		6			8		1	7
		7	8		4	5		3
4			3		7	9		
1	8	2	5			3		
7				8	1	5		9
		9		2	3	7		

#189

		3	2			9		
1		6						
								8
8		9	7	4		5	6	
								2
7	6	4		5	2	1	8	9
	4	2		7	5			
9		7	1	2			4	5
					3		2	7

#190

				2	3		6	9
9	7							
1					7			3
7		6	2		8	3	9	5
	8	4			9			
							7	
6	5	8			2			7
				7			4	
				3		2		1

#191

2				6		1	4	7
8	1	3	7	4	5			
								3
4	5	8				6		
		7				5		8
					2			
			8			9	1	
	8	9	4	2	7			
		4		3				2

#192

	3		5	1	9	8		6
	9						4	5
6				2	8	9	3	
7	1	6	2	9	4		8	
5	8				6			
9								
		7		6	3	4		
		2	7	5				

#193

7			4	1			5	9
	4	5		6	9		2	
	6			7	2	8	3	4
		3					8	5
1			6			4	7	
			8				1	
								1
		7		2			6	
						3	9	2

#194

				4	5	8	1	
4	8			2	1	6	7	
6			7				3	5
2				7	3			
3		6	5	1				
							2	
	2				6	3	8	
	9			8	4	2		
8					7	9		4

#195

						1		2
				5			6	3
7	2			4	1	5		8
9	6		2	1	8	3	4	
1			9	3	4			
		1			7			6
	5			6			3	4
6	4					9	2	1

#196

4	2		9	1				
		5						7
8	5		2	6		4	7	
		6		8			2	1
			5	7			9	
	8	2	7	9				
5		1		4	2	9	3	
3	9							2

#197

		6					5	7
5	1					8		
	7	2		9				1
4	8		7					
		1		5	2			
			6		9		7	4
9				3	8	5	1	
								9
1		3	9	6	7		2	8

#198

1								
			9	5			8	
	4	3						
2			4		7	6	3	1
9	1		3		5	8		
				8			7	9
3				4	8	2	5	7
8	7	2						
		1		2				

#199

	7			4	5	3	8	2
		4	2	7		6		
9	2						4	
8	1							
			7	5		8	3	6
7		5						9
								3
3			4	8		2		
				2	7	9	6	8

#200

1								
	8				9	5	7	3
		5	4	2	7			
							7	1
			3				5	2
	5	2	8					
		1	9			8		
	4	6	7	8	2		3	
3	9			1		2		7

#201

4				5	3	6		
	5	8	9	4				
		2	1		6			
								6
		1		6	5		7	
					1			8
7			6			5		
				8		3		7
5	9	4			7			

#202

4	3	9	7	8			1	5
	7	5		9	4	6		8
	8				1			
		4	8		3			
						9		
				2				1
	6	7	1	5	8	4	9	2
	2			4				
	4	1					7	3

#203

	2		9	1		7	4	3
							1	
		1	5		8		9	6
	8			7	3	6		
	7	3	8					
	4		3	6	5	8	7	
2	6					1	8	
8			7	5			3	4

#204

			4	7	3		5	9
9						2		
		3	2		6	8	1	4
8		2					7	
			5	2		1		
3	9					4	2	
							4	
1					7	9		
4		9	1	8				

#205

7		8		3	5	9	4	1
						2		
	3		4	9	1		6	
			1	4	3	6		
	1							
			6					
6	9		5	1	4		7	8
		4		7	6	1	5	2

#206

			1	8	4	6	2	
						8		
	2		3	6	9			7
	5					2		
1								
					2	9	7	
	8		4		6	7	9	5
	7	4		9	8	1	3	
2		5	7		3	4		

#207

2	8		5	1		7		
		1	8	4	2	5	9	6
5	6	4	9				1	
				2	4			
							5	
		3	7		5	2		
8							7	
		6			1	9		
1	9	7					3	5

#208

8	6	5		4			3	
				6	1		2	8
			9					
			1	8			6	
	8	6	4					7
		2						
9				1	4	3		2
3					7	6	8	5

#209

6		8		9				
1				8		9		
		6	4	5	2		7	1
5	7	1						2
				7	9	3		
			8	2		7	1	
					6	2	4	
	8	7			4	6	3	5

#210

	8	2		4	1			9
		3				6		
	4							8
8	3	7			6	9	4	2
	9	5	7				8	
6				5	4	2		
1			3	6			9	5
	5		1	9		4		7

#211

2					5	1		
			9	2	1	3		
				4		2	7	
		1			2			
						5		7
5			3	7	9		1	4
4							6	1
8		6	1	9	4			
				8	3		9	5

#212

5		8	1		9	6		
		1		7				
	3			8	2	1	7	5
							1	
3					7	5		
	2			4				
					3			
7		3	6	5		4	8	2
8		5	7		4	3	9	6

#213

1	2	5		4	7	9	8	
						2	3	
9							2	7
		2	8	5	6	1	4	
4		1		9			6	
7	1							
2	9			8	1	6		
5	8	4					1	2

#214

		9		3	4	6		
		6	9	5	2		3	7
3								9
	4	5	2			9	6	
	8				1			
6					3	8	5	1
4				7	5			
5	9	1	6	2	8			
								5

#215

			8					
					1	5	4	2
1			2			9	8	
3	2					4		8
	6	1	7					
5		9	1		8	7	6	
	7	2	4	8	5	1		
				9			5	7
9		8	3					

#216

	9	6		7			4	3
				9	6	8		
					4			
2						9		5
		4	9	3				
								7
	2				3		8	4
8	6		1				2	
						3		

#217

4	2	1	8	5				
8		5		3		6	2	1
3	6				2			
					3	9		
							6	
			6	7	9			2
	7	4		9		2		
			7		1		5	3
2	1		5	6				7

#218

5	2		3	9	6	4	7	
					8			5
	7	4		2	5	3	9	8
4	8							6
								3
	5				4			
			6					4
3	6							
				7		8		

#219

				1		7		
	4	1	7		5	3		
				9	1		4	6
		6	5		3		1	7
1								
					9	4	3	
9			1	7	8	2	6	5
	2	8		3	6			

#220

	4	5			2	9	7	8
6		8	3	4	9	1		
	2			7			6	4
5			4					
				2	6	5		
	1		5	9				
7	3				8	2		
	9	1		3				
							3	7

#221

9		3						
7	2			8		4		6
								7
		4	2					
			3		4	5		1
2			5	6	9	3	8	4
		8	6	4		2		
	5	9	1	2			6	8

#222

2				5		6		
			3	2	6	4	5	
		4	7	8			3	2
1			6					
							9	3
3		5	2			6	8	
				4		8		6
8			9	1	3			4
						3	7	8

#223

5				8		1		9
	9			4	2	3	8	
3				5	9	4	2	7
2	5	1		7				
		3	5	1	6			
	3	9			5	2	7	4
6			2			5		
			4					3

#224

		4						5
					2			7
8	6			5	9		1	3
	1	7	8				2	
2		9	1	3			6	4
		6			4	1		
	7	3					4	2
9		5	4	1	8	7	3	

#225

7		2		6	9	4	5	8
8	4			5	7		3	
6		3		4	1			
2				9				
	6		4			7		
		1		3		2		
	7							5
9	2	5	6				8	7

#226

9	3		8	1	6	2		
		2	4					
								8
6		7	9		4	5	2	1
5				8		3		9
	1		2	4	8	7		
			7		3	9		4
7		4	1					2

#227

		7	8	3	2			9
	9		1		6			8
2				5		6	3	7
						3		2
		4		1	7			
						7		
	1	2			8			6
9	3	5	7			8	2	
	7	6						

#228

	5			6			7	
	4	8	5		2			9
6		9						
3				7			9	
					5	6		
	6				3			1
			4	9	8			5
9	2		3	1				
8	7	4		5	6	9	1	3

#229

4	2				8		3	
				6	3			
	3	1				7	8	6
2		7	3	9	1			
				4				
9				7				
1	4			3		6	5	9
					9		7	4
	9	3	4		6		2	1

#230

	1	4						8
	9		8	6	1	3	4	
	3	8	7	5		9		1
8	7							
				8	7		5	9
	2		3			7		
		9	6	7	8	2		
	5	2						
3			5					

#231

	5	2		1	7	8	6	3
	6							
					5			
		4			3	1	2	6
1	8		9	4	2	3		
			1	2	9	6		
6				8	4			5
2	4	3					1	8

#232

	4	7	2					5
5								
					9	7	8	4
					2			6
		1	5					
	9	8	6	7	1			2
	7			6	5		2	
								8
1	8	2	9		4			

#233

					5			
	4	5					2	9
8	1	7		2	9	4	6	
			4	3	6	5		
1	6							2
	5						4	
6		2	5			7		
			6		7			
		1	2					

#234

		9		7	4		1	
	6	1	9				7	
	7					8		2
					1	4	2	6
				6		3		
		2	4					
								9
	5				7	1		
				9	3			

#235

6				1	5		4	
						9		
							7	5
3					9	6		
			3		8	5	2	7
5	8	2			6			3
1				6				
2		9	4	3	1	7		8
		6	5		7		1	9

#236

	6	8	2					
2	3	9		4			1	7
				6		3		
		7		8	5	4	6	
8	5	6			4		7	9
5	8				7			6
6				9	1	8	4	
	4			5				3

#237

3							2	1
1			5	9				
	5		8					
		9						7
8	3	5	9					4
	1		3			9	6	
				6	1	4		
			4	3	9	8		
7				5				6

#238

4	8		5	6		7		3
6	5	3			1	4	9	
		1					5	
	6	5					3	
		7		2			8	6
8	4							
7				5	6		2	
			2	7				
5			1		3	9		7

#239

9					4			7
1				2			8	
		7	5	1	6		3	
	4	9			8			
						6		4
		1		5	9	7	4	2
7	2			8	1		6	
		6		7				

#240

	2			3	1	5	9	4
						3		2
3	9	8	5					
							4	
	1				4			6
	8	9	6			7	2	3
9			4	2				
8	5	4				2	7	9
							6	1

#241

2	6		8		4		9	3
7	3	5	1	9				
	8	4				5		2
				2	3		4	
3	1	6					2	5
4	2							
		2		3			8	
1	5	3	6		9			4

#242

9			5			4	8	7
		6						5
5	7	2						
	3							
6				1		3	4	
		1			9		5	6
							7	
3		5		7			6	8
8	9	7	2			5	3	

#243

5	1					9		8
	7	8		4		1		
2		9				6		
				7	1			
1	9	3						
	5	2	8	6			9	
9				1	4	2	6	
				8		3	1	9
3	2	1	6		7			

#244

	8	5			6	1		4
			2	5			8	
2	7		8		1	9		
		6	9					
			6	8		4		
3	1							
	4			7				
1	3	7		6	8			

#245

				1				6
		8	2			9		
	4			8				2
8	9	5		7	1			
1	2						9	7
	6	7						
			6	5	7	8	2	
7								1
	5			4	8	6	7	9

#246

	9	4			1			
3	1		4			7		
		5	2		7		1	8
8	7	3	6			9		2
	2	1	5			6	7	4
	5	9			6	8		
		7			5			
4			8	2				5

#247

9	8	6	2	1	3		7	
	2				5			
	5					6		8
	9			7		3	5	
					2			
	4			3	9	8	6	
		1	8	5		9	3	
2			3				8	
			7	2			1	6

#248

8					6			5
4		2		5				3
	5	3	4					8
				4			1	7
2	7	1				4		
3			9	1		6	8	
	8		5	2	9		3	6
	3					5		1
		7	3					

#249

8						5		
				8	1		4	3
1		9	5				7	2
	1	8			9			
5	7				8		2	
		3		5	7		1	
			1	2		5	9	6
				6		2		
			9				8	4

#250

	5	2				8		
8	7		1	9			2	6
6	9		7	2				1
5			3	6	9			
				1	2	9		
		9	5					
	2		6	8	3	7		
	3				4		8	5

#251

						1	5	4
		1		2				8
	9	5		4				6
	2	6	9	8	4	7		
8	1							
					1		8	2
		4		1			2	7
	5	3				8	9	1
1	8				6			

#252

		3	7	1	2	6	4	9
					3	5	7	
		9				3	2	8
4							1	
1	7		6		4		8	3
9			5					
8				7	6	4		
			9					
		6	2		8			7

#253

	4	6			5			3
2			6	3	7	1		
		9	8	4	1	5		
								9
			5	1	9			
					2			
		3	4		6		8	
		5	1	7			2	6
6		1	2	9	3	7		

#254

9			2	6	3	8		7
		4			7	3	2	
5				8		7		
	6		5	2	9			
	3	5	9		2	6	8	4
			8				3	
8	4					9		5

#255

4								
			5		2	4		1
3					4	5	6	
	6	1			5	3		
	5							
2				3	6		7	5
	4							
				7		6	5	
6					3		2	9

#256

7		3		2				
				8	7	5	4	
5	8				3			
	2	4		3				8
9			7	4	6	2		
6	5				2	9	3	
	7	2	6	9	4		5	
			2		1	4		
								7

#257

		3	4	8		9	5	2
	5	9	3	1	6	7	8	
					5			
9	2			4	8		3	
1	8		9	2				
				9				6
3		2					9	
		4						5

#258

	1			3		5		6
9	5	8				1	3	2
	2							
5	9							
							9	5
					6	2		3
7		1		9	5	3		
					8	6		
	4		7					

#259

8					5			
6	5							2
	4	2						
						9	7	6
2	3			9	6	4		
		4		5	7		1	
	1		2	6			3	9
			5	1		7		4
4			7		3			5

#260

				6	2	5		
	6	2	1			3	9	7
		5	3				8	6
		1		9	8			
				1	3	6	7	2
		3						
1				5	7			
	2		9		4	1		8
8	3							

#261

							7	4
	7	6			5	8		3
	8	2		4	6			
								1
	3	5	8	2	1	7		
					7	3		6
5	1	4	2					
9								8
8	6			7	4			

#262

				8				
								7
8	2		7	1				
	7	5	8			6		1
	9		5					
				6				9
	5	4	2				7	
7	1				5	3	9	2
	6	2			3		8	5

#263

6	2	4	8	1				
				9		8	2	
							5	4
8	1	5				2		
4	9	6			7		8	
2			9	5	8	4		
3	7							
								9
			4			5	1	8

#264

6		4	5			7	2	8
7				8	2	1		
			7	9			3	4
			3					6
1						4		
				4	5	8	1	
	2	8	9		4	6	7	1
3		1		6	8			

#265

		5	1		8	3		2
		1		4	2		5	7
3	7		9	6			4	
								8
					1		3	
	2	8	6	9			7	
5			4			6		
	9	6	8					5

#266

5	2						4	
	6		5	8	7			
						9		
					6		8	9
2		3	8	5	1	7	6	
6			4					2
	1		7					
4				9		6	1	5
				1		4	7	3

#267

		9	3					
4	1	5	7	9		6	2	
						4	5	9
	8	6						
				3		7	1	6
	3	1	5	6	2	8		
		7	6	2	1			5
2		3		5	7			

#268

					3			9
9						7	2	
				6	1	4		
					6		8	
3		5	1				9	
				9			1	
8	5		2	1		9	7	6
		6			5	8		2

#269

							2	4
2	6						8	
	7					9	3	5
3								9
	5			1	9	2	7	
	1		6		2	3		
					8	7	6	2
1				6				
			4	7	3		9	1

#270

	5	3	9		1		7	
					5	6	1	2
	7	1	2	8				3
						2		
								7
		2	6	3			4	
		6			7	1		5
8	3	5	4					
1	9	7		2				8

#271

2	9	6	3	1				
								6
8			5					
		9	4			6	1	8
			2		8			
3	4	8	1	6	5		9	7
			6		7	5		4
	7	5			1			2

#272

3	2							
			3			5	9	6
1	5	6						
						3	8	1
9	8		1				5	
5		7			3	9	4	
	6	5						
			4	1				
2			9	7	5	4		8

#273

							8	3
8		7	9				2	
			3	8			6	9
		1	6	9	2	5	3	
		6	4		7		1	
				3	8	2		
		3		7	9			1
2	9	5			1	3		4
1								

#274

8	6		7	5	4		9	2
2	5							
				6	3	5	7	
			5		9		6	
7					2		8	
9						4		
	9	1		3	7			4
						8	5	
3					5			

#275

					4			
1	8		5	9		2	6	4
5	9		2	6		1	8	
								6
9		1		7			4	
7			3		9			
					1			
						7	5	
		9	6			4	1	2

#276

3	7				4		6	8
	4		8		6	3	9	
					1	5		4
6			1		2	8	7	3
7						6	4	
9	3		6					2
2			4		7	9		
			2	3		7		1

#277

	4	1				5	8	2
	9				8	3		
					5	7		
							2	3
4	6		3					
3	2	5		6	7	9	4	8
							9	
2		9			3			1
	7			8				5

#278

		9				7	8	
				8	1		3	5
4		1					2	9
			3		5	9		
	2	7	6		9			
		5	8	4				2
6	5	2					9	
				9				
	4				8			

#279

							9	
5	4		7			8	3	
	6							
			4	8				
		1		7	2	6		
		5	3	6		7	2	1
	5	6	8					9
2		4	6	9		1	8	
3	9							

#280

			4			2		
4		6			2			1
	2	5	1		7	8	4	6
6					5			
		3			8		7	9
	6		9	2	4	7	5	
	8	4	5	6		9	2	
2								

#281

		1			2			
	9							3
		5				9	1	
			6	9	5		4	1
9	6	2	1		4	5	3	7
						3	7	
7			4	5	8			2
					7	4	9	5

#282

		1	6				4	2
6				5	4		7	
				2		6		
			2	8				3
5	7	3	1					
						5	1	4
	3	7	4					9
9	4			1	2			6
1	6		5		3			7

#283

9	1	7		6	5			
6	3				2		1	5
5						6		
	5	4			7			
		9		4	8	7	3	
	2			1			5	
			2					9
	9		4	5				
				7	9	2	4	6

#284

	6			8	7			
					3			
	2		1		9	4		3
	9	2					6	8
1		8			2		4	
				5	8	3		
3	5	4	7		1		6	8
9	7	1			6	5		
			5					

#285

5	4			8				2
2	9	1		6		8	5	
	3		5	2			1	4
				7				
		8			4	5		
	7	9	8	3	5			
9	1	5						6
		3	7	9		1		
							3	8

#286

5	7	1	6	4				
								4
8		4		1	5	6		7
			8	4		1		
				8				
1						2		9
		5		8	4	7		3
	1					2	8	9
3	8		5		7	1	4	2

#287

				8				
7	4	2		3				
		6	9			3	7	
8		1	2	9			3	
6	3			5	8			
		7		4	3	6		
	9	8	3			1	5	7
								3
			4				9	6

#288

5							1	3
	8	1	3	5				
	3		1	9			7	8
3	4	8	6					
							6	4
1	6	7						5
6	1				8			2
7	5	3	9		2			
		4			3			7

#289

					1	6	7	5
			4					
8								
6			9		5	7	1	4
		7	3	2	6			
				1	3	2	8	
2	8			6	9	4	5	
	5		8	4		9	6	3

#290

1	8	9	6					2
	6		8	3	7	5	9	1
				1				
3					2		1	7
6		2						3
		1	4					5
				7	8			
	2			5				6
5		7					4	8

#291

3	6	7	5	2	9			
9							6	
	8	2						
						8		
			7			1	5	6
6	3	5			8			2
1	7	3	9					
			8		7	3	2	
				3		7		9

#292

6			7					
8	4							
	7	5	6		8	3	1	
2		4	1		3			6
		8	4	2				
		3	9	7	6			
						8	3	
				1		6	7	5
3		6		9		2		1

#293

2		9		1	7		3	8
5						2		
1		3	5	2		9	7	
6	2		8	5	3			
		1		4	2	8		
8								5
				9			1	
3	9	2		8	4			
		6		7				

#294

7	4		1		9	6	3	8
	9		6		7	2		
						9	4	
9	7	2		6				
			9				2	3
	3	1	2	5				
					5			
				1			7	
2			4	9		3	8	1

#295

6	9				5			
	3		2		8			7
7		8	3	6				5
1					6			
				1			2	8
4	8	9	5	3	2	7		
								4
			4		9		7	
			1	5	3	8		6

#296

4			8	2				
	1							
9	2							
	4	9	7	8				6
	6	7			2	3	4	5
2	5				3		8	7
		2		5	1			8
				9			1	
	7		4		8	2		

#297

				3	1	7		
							6	
6			9		7	1	4	3
	8							
7	2	6	4		3			
	9	1				2		4
		8	1		2	4	3	
2			3		6	9		1
	1				4	6		2

#298

1	9	2	5				3	
		3			7	6	5	9
		7			9	1	2	
3				9				
							6	8
8	7			1	6	9		
9								
	3						8	2
			6	4			9	5

#299

			1	3	9	7		4
	7				5	6	3	
1								5
9		1		5	6		4	
8						1	7	
7				8				
5	8	2						
						8	2	
	1							7

#300

7		4	8	3		6		
					4		8	
3								5
4	1		9	7	2			
	7					9		2
		3	1	5	6	4		
	5	2	3					
1	3					2		
				9	1	8	5	3

Solutions

Your voice is important:

Please support us and leave a review!

Copyright © 2020 by *SBRT* Notebooks
All rights reserved

#1

9	4	7	6	1	2	5	8	3
2	1	3	5	7	8	6	9	4
5	8	6	9	4	3	7	2	1
6	3	5	8	2	9	1	4	7
4	2	1	3	5	7	9	6	8
7	9	8	4	6	1	2	3	5
1	5	9	2	3	4	8	7	6
8	6	4	7	9	5	3	1	2
3	7	2	1	8	6	4	5	9

#2

6	4	1	9	7	2	5	3	8
3	9	2	8	1	5	4	7	6
5	8	7	4	3	6	2	9	1
8	2	3	6	9	1	7	4	5
7	5	6	3	4	8	1	2	9
4	1	9	5	2	7	8	6	3
9	6	8	2	5	4	3	1	7
1	3	4	7	8	9	6	5	2
2	7	5	1	6	3	9	8	4

#3

7	9	4	2	6	1	5	8	3
5	6	8	3	9	4	1	7	2
2	3	1	7	5	8	9	4	6
4	5	7	9	8	2	6	3	1
6	2	9	1	7	3	4	5	8
8	1	3	6	4	5	7	2	9
1	7	5	8	2	6	3	9	4
3	4	2	5	1	9	8	6	7
9	8	6	4	3	7	2	1	5

#4

2	6	3	5	9	8	4	7	1
9	5	7	1	3	4	6	8	2
4	8	1	7	2	6	3	9	5
1	7	2	4	6	3	8	5	9
5	3	8	2	1	9	7	4	6
6	9	4	8	7	5	2	1	3
3	1	6	9	8	7	5	2	4
7	4	9	3	5	2	1	6	8
8	2	5	6	4	1	9	3	7

#5

7	6	3	2	4	9	8	5	1
4	8	2	3	1	5	7	9	6
5	9	1	6	8	7	3	4	2
3	7	6	1	2	4	9	8	5
2	5	4	8	9	6	1	3	7
9	1	8	5	7	3	6	2	4
1	4	9	7	3	2	5	6	8
6	3	7	4	5	8	2	1	9
8	2	5	9	6	1	4	7	3

#6

6	2	4	1	3	5	8	9	7
8	3	9	4	7	6	1	5	2
1	5	7	9	8	2	6	3	4
3	1	2	7	5	9	4	8	6
4	9	5	2	6	8	7	1	3
7	6	8	3	1	4	9	2	5
2	7	1	8	4	3	5	6	9
5	4	3	6	9	1	2	7	8
9	8	6	5	2	7	3	4	1

#7

7	3	5	2	4	1	8	6	9
2	9	1	8	3	6	5	7	4
8	4	6	5	7	9	2	1	3
5	8	9	3	6	4	1	2	7
1	6	4	9	2	7	3	5	8
3	2	7	1	5	8	4	9	6
4	5	3	6	9	2	7	8	1
6	1	2	7	8	3	9	4	5
9	7	8	4	1	5	6	3	2

#8

4	2	7	1	6	3	5	9	8
1	6	3	9	8	5	2	4	7
9	8	5	2	7	4	3	1	6
8	4	2	5	9	6	1	7	3
7	5	1	8	3	2	4	6	9
3	9	6	7	4	1	8	2	5
5	1	9	3	2	7	6	8	4
6	3	8	4	1	9	7	5	2
2	7	4	6	5	8	9	3	1

#9

3	2	7	9	5	6	1	4	8
9	8	5	1	2	4	7	6	3
1	6	4	3	7	8	2	5	9
6	5	3	2	9	7	8	1	4
4	7	9	6	8	1	5	3	2
8	1	2	4	3	5	6	9	7
5	9	8	7	6	3	4	2	1
7	3	1	5	4	2	9	8	6
2	4	6	8	1	9	3	7	5

#10

3	8	5	6	4	2	1	7	9
2	7	9	1	5	8	6	4	3
1	4	6	9	3	7	8	5	2
6	3	1	7	2	9	5	8	4
9	5	8	4	6	3	7	2	1
4	2	7	5	8	1	3	9	6
8	1	3	2	7	4	9	6	5
5	9	4	8	1	6	2	3	7
7	6	2	3	9	5	4	1	8

#11

8	6	5	9	1	7	3	2	4
7	4	3	5	8	2	6	1	9
1	2	9	6	4	3	8	7	5
9	7	2	4	3	8	1	5	6
4	5	6	7	9	1	2	3	8
3	8	1	2	5	6	4	9	7
6	9	7	1	2	4	5	8	3
5	1	8	3	6	9	7	4	2
2	3	4	8	7	5	9	6	1

#12

6	5	3	2	4	8	9	7	1
7	9	2	6	1	3	4	8	5
4	8	1	7	5	9	2	6	3
3	4	8	1	9	6	7	5	2
9	2	5	3	8	7	1	4	6
1	6	7	4	2	5	3	9	8
2	7	6	5	3	4	8	1	9
5	1	9	8	7	2	6	3	4
8	3	4	9	6	1	5	2	7

#13

6	2	8	4	3	7	5	1	9
5	1	7	8	9	6	2	3	4
3	4	9	2	5	1	7	8	6
9	3	4	1	8	5	6	2	7
7	8	5	9	6	2	3	4	1
1	6	2	7	4	3	9	5	8
4	7	6	3	2	8	1	9	5
2	9	1	5	7	4	8	6	3
8	5	3	6	1	9	4	7	2

#14

6	4	1	5	2	9	3	7	8
8	2	7	1	3	4	5	9	6
9	5	3	7	6	8	1	2	4
7	3	2	8	9	5	4	6	1
4	1	8	2	7	6	9	5	3
5	9	6	3	4	1	2	8	7
1	8	4	6	5	2	7	3	9
3	6	5	9	1	7	8	4	2
2	7	9	4	8	3	6	1	5

#15

9	8	1	7	5	2	4	3	6
3	6	5	8	4	9	2	1	7
2	7	4	3	6	1	9	5	8
7	1	6	4	9	3	8	2	5
4	5	2	1	7	8	6	9	3
8	3	9	6	2	5	7	4	1
1	4	8	9	3	6	5	7	2
5	9	3	2	8	7	1	6	4
6	2	7	5	1	4	3	8	9

#16

4	1	3	5	6	7	2	8	9
8	2	9	3	4	1	7	6	5
6	5	7	8	2	9	3	1	4
2	9	1	4	7	8	5	3	6
5	8	6	9	1	3	4	2	7
3	7	4	6	5	2	8	9	1
9	4	5	2	3	6	1	7	8
1	3	8	7	9	4	6	5	2
7	6	2	1	8	5	9	4	3

#17

7	9	1	5	6	3	8	2	4
2	3	6	8	7	4	9	5	1
8	5	4	2	9	1	3	6	7
1	6	7	4	2	8	5	3	9
3	4	9	6	1	5	7	8	2
5	8	2	9	3	7	4	1	6
4	1	8	7	5	2	6	9	3
6	2	5	3	4	9	1	7	8
9	7	3	1	8	6	2	4	5

#18

7	1	2	3	6	5	4	9	8
9	3	4	2	7	8	1	5	6
5	8	6	9	4	1	7	3	2
8	9	3	5	2	4	6	7	1
2	5	7	1	9	6	8	4	3
4	6	1	8	3	7	5	2	9
6	2	5	4	1	3	9	8	7
3	7	8	6	5	9	2	1	4
1	4	9	7	8	2	3	6	5

#19

6	8	4	5	9	2	7	1	3
1	5	3	7	6	8	2	4	9
9	7	2	4	3	1	5	6	8
5	1	9	8	4	7	6	3	2
4	2	8	3	5	6	9	7	1
7	3	6	2	1	9	8	5	4
2	4	7	6	8	3	1	9	5
8	9	5	1	7	4	3	2	6
3	6	1	9	2	5	4	8	7

#20

9	7	5	3	4	1	6	2	8
8	2	3	7	9	6	5	4	1
6	1	4	8	5	2	7	9	3
4	3	9	6	8	7	1	5	2
7	6	1	2	3	5	4	8	9
2	5	8	4	1	9	3	6	7
5	9	7	1	6	8	2	3	4
3	8	2	5	7	4	9	1	6
1	4	6	9	2	3	8	7	5

#21

9	5	1	8	6	7	3	4	2
3	6	7	2	4	1	5	8	9
8	4	2	3	5	9	7	1	6
5	9	3	7	2	4	1	6	8
4	1	8	9	3	6	2	7	5
2	7	6	5	1	8	9	3	4
6	2	5	1	8	3	4	9	7
1	8	9	4	7	5	6	2	3
7	3	4	6	9	2	8	5	1

#22

7	9	3	5	6	1	2	4	8
1	5	4	2	8	7	9	6	3
6	2	8	3	9	4	1	7	5
3	7	9	6	1	2	5	8	4
5	8	1	9	4	3	6	2	7
2	4	6	7	5	8	3	9	1
9	3	2	8	7	5	4	1	6
8	1	5	4	2	6	7	3	9
4	6	7	1	3	9	8	5	2

#23

1	9	4	2	7	6	8	5	3
2	5	8	4	3	9	1	6	7
7	6	3	1	5	8	9	2	4
3	8	6	7	4	5	2	1	9
9	1	5	6	2	3	7	4	8
4	7	2	9	8	1	6	3	5
8	2	1	5	9	4	3	7	6
5	3	7	8	6	2	4	9	1
6	4	9	3	1	7	5	8	2

#24

4	5	3	6	7	9	2	1	8
6	1	2	3	4	8	9	5	7
7	8	9	5	2	1	4	6	3
5	2	8	1	9	3	7	4	6
9	7	6	4	8	5	1	3	2
3	4	1	2	6	7	5	8	9
2	3	7	8	1	4	6	9	5
8	6	4	9	5	2	3	7	1
1	9	5	7	3	6	8	2	4

#25

1	3	4	8	7	2	9	6	5
5	6	7	3	4	9	1	2	8
2	8	9	6	5	1	7	3	4
9	4	1	5	6	7	3	8	2
8	5	6	9	2	3	4	1	7
3	7	2	4	1	8	6	5	9
4	9	3	1	8	5	2	7	6
7	1	5	2	9	6	8	4	3
6	2	8	7	3	4	5	9	1

#26

1	7	4	6	3	9	5	2	8
3	5	8	7	2	4	1	9	6
9	2	6	5	1	8	7	4	3
8	4	2	9	6	5	3	7	1
6	1	9	4	7	3	2	8	5
5	3	7	1	8	2	4	6	9
2	6	3	8	5	7	9	1	4
4	8	5	2	9	1	6	3	7
7	9	1	3	4	6	8	5	2

#27

8	2	3	9	5	6	4	7	1
1	6	7	2	3	4	8	5	9
4	5	9	8	1	7	3	6	2
6	3	2	7	9	1	5	4	8
5	1	4	6	2	8	9	3	7
9	7	8	3	4	5	1	2	6
2	4	5	1	7	9	6	8	3
7	8	1	5	6	3	2	9	4
3	9	6	4	8	2	7	1	5

#28

1	5	9	4	2	3	6	7	8
4	6	7	8	9	5	2	3	1
3	8	2	6	1	7	9	4	5
8	4	3	9	5	1	7	2	6
9	7	1	2	6	8	3	5	4
5	2	6	7	3	4	8	1	9
7	9	4	1	8	2	5	6	3
2	3	8	5	4	6	1	9	7
6	1	5	3	7	9	4	8	2

#29

2	7	8	1	4	6	9	3	5
9	5	3	2	8	7	1	6	4
6	4	1	3	5	9	7	8	2
7	3	5	4	1	2	6	9	8
8	1	6	9	7	5	2	4	3
4	9	2	8	6	3	5	1	7
5	8	9	7	3	1	4	2	6
1	6	4	5	2	8	3	7	9
3	2	7	6	9	4	8	5	1

#30

6	9	3	7	5	1	2	4	8
2	4	1	8	3	9	7	5	6
8	5	7	4	6	2	1	3	9
7	1	9	2	8	5	4	6	3
5	2	6	1	4	3	8	9	7
3	8	4	9	7	6	5	1	2
1	3	5	6	2	8	9	7	4
9	7	8	3	1	4	6	2	5
4	6	2	5	9	7	3	8	1

#31

2	9	7	4	1	8	6	3	5
5	1	4	3	2	6	7	8	9
3	6	8	9	5	7	4	1	2
8	4	5	1	3	2	9	6	7
9	3	6	8	7	4	2	5	1
7	2	1	5	6	9	3	4	8
6	7	3	2	8	1	5	9	4
1	5	9	7	4	3	8	2	6
4	8	2	6	9	5	1	7	3

#32

5	2	3	9	1	4	8	7	6
1	8	6	7	3	5	9	4	2
4	9	7	8	2	6	3	1	5
7	4	8	5	6	1	2	9	3
2	6	5	4	9	3	1	8	7
9	3	1	2	8	7	6	5	4
8	1	4	6	5	2	7	3	9
3	7	2	1	4	9	5	6	8
6	5	9	3	7	8	4	2	1

#33

9	8	2	5	7	6	4	3	1
7	3	5	2	4	1	8	9	6
4	1	6	3	8	9	7	2	5
6	2	9	8	1	7	3	5	4
3	4	7	6	5	2	9	1	8
8	5	1	4	9	3	2	6	7
1	7	8	9	3	5	6	4	2
5	6	3	7	2	4	1	8	9
2	9	4	1	6	8	5	7	3

#34

1	7	5	4	9	8	2	3	6
4	8	2	5	3	6	7	1	9
9	3	6	1	7	2	5	4	8
5	4	1	7	6	9	3	8	2
8	9	7	2	1	3	6	5	4
2	6	3	8	4	5	1	9	7
3	5	4	9	2	7	8	6	1
6	2	9	3	8	1	4	7	5
7	1	8	6	5	4	9	2	3

#35

4	3	1	8	6	5	7	2	9
6	8	5	7	2	9	1	4	3
2	9	7	1	4	3	8	6	5
3	6	8	9	1	2	4	5	7
7	2	4	6	5	8	3	9	1
1	5	9	4	3	7	2	8	6
8	1	2	3	9	6	5	7	4
9	7	3	5	8	4	6	1	2
5	4	6	2	7	1	9	3	8

#36

9	1	7	6	8	2	5	3	4
3	8	5	9	1	4	7	6	2
6	4	2	3	5	7	8	9	1
1	3	6	2	7	5	4	8	9
8	2	4	1	6	9	3	5	7
7	5	9	8	4	3	1	2	6
2	7	3	5	9	1	6	4	8
4	9	8	7	3	6	2	1	5
5	6	1	4	2	8	9	7	3

#37

9	7	4	8	5	3	2	1	6
2	3	8	1	7	6	5	9	4
1	6	5	2	9	4	7	3	8
8	5	6	4	2	9	1	7	3
3	1	2	5	8	7	4	6	9
4	9	7	3	6	1	8	2	5
7	2	3	9	4	5	6	8	1
6	4	1	7	3	8	9	5	2
5	8	9	6	1	2	3	4	7

#38

9	2	7	5	8	6	3	4	1
5	4	3	2	1	9	6	8	7
1	6	8	7	4	3	9	5	2
8	3	5	6	9	1	2	7	4
4	1	6	3	7	2	8	9	5
7	9	2	4	5	8	1	3	6
6	7	1	9	3	5	4	2	8
3	8	4	1	2	7	5	6	9
2	5	9	8	6	4	7	1	3

#39

8	7	2	9	6	3	4	5	1
6	3	1	4	8	5	7	2	9
5	9	4	7	1	2	6	3	8
7	4	5	3	9	6	8	1	2
2	6	3	8	4	1	9	7	5
9	1	8	2	5	7	3	6	4
1	8	6	5	7	4	2	9	3
4	2	7	1	3	9	5	8	6
3	5	9	6	2	8	1	4	7

#40

3	8	9	6	5	2	4	1	7
4	7	1	9	3	8	5	6	2
6	5	2	7	1	4	3	9	8
9	4	6	3	7	5	8	2	1
7	3	8	2	4	1	6	5	9
1	2	5	8	9	6	7	4	3
5	6	7	1	2	3	9	8	4
2	9	4	5	8	7	1	3	6
8	1	3	4	6	9	2	7	5

#41

4	6	7	2	5	3	8	1	9
2	3	1	8	9	4	6	7	5
8	5	9	7	1	6	2	3	4
9	8	6	4	3	5	7	2	1
1	7	4	6	2	9	3	5	8
3	2	5	1	7	8	4	9	6
7	4	3	9	8	1	5	6	2
5	9	8	3	6	2	1	4	7
6	1	2	5	4	7	9	8	3

#42

6	2	7	3	1	9	4	5	8
1	5	8	6	7	4	9	3	2
3	9	4	8	2	5	6	1	7
9	1	3	2	5	6	7	8	4
4	8	5	7	9	1	3	2	6
7	6	2	4	3	8	5	9	1
2	3	1	9	4	7	8	6	5
5	4	6	1	8	3	2	7	9
8	7	9	5	6	2	1	4	3

#43

8	4	2	3	5	7	1	6	9
7	5	6	9	2	1	4	3	8
3	1	9	8	4	6	7	2	5
9	6	5	7	3	4	2	8	1
2	8	4	6	1	5	9	7	3
1	3	7	2	9	8	5	4	6
6	7	1	4	8	9	3	5	2
5	2	8	1	7	3	6	9	4
4	9	3	5	6	2	8	1	7

#44

1	6	5	9	7	3	2	4	8
4	7	2	1	8	6	5	9	3
9	8	3	4	2	5	1	6	7
3	1	6	7	4	8	9	5	2
7	4	8	5	9	2	3	1	6
2	5	9	6	3	1	8	7	4
5	2	1	8	6	7	4	3	9
6	3	4	2	1	9	7	8	5
8	9	7	3	5	4	6	2	1

#45

3	2	8	9	4	7	5	1	6
1	4	7	5	3	6	8	9	2
6	9	5	8	2	1	4	7	3
5	1	3	7	6	4	9	2	8
2	6	4	1	8	9	3	5	7
7	8	9	2	5	3	6	4	1
9	5	2	6	1	8	7	3	4
4	7	6	3	9	2	1	8	5
8	3	1	4	7	5	2	6	9

#46

3	6	2	1	7	8	4	9	5
4	7	9	3	2	5	6	1	8
5	8	1	9	4	6	3	7	2
2	4	3	6	8	9	7	5	1
7	1	5	2	3	4	9	8	6
6	9	8	7	5	1	2	4	3
9	3	7	5	1	2	8	6	4
8	5	6	4	9	3	1	2	7
1	2	4	8	6	7	5	3	9

#47

6	9	2	4	5	7	8	3	1
8	4	5	3	6	1	2	9	7
7	3	1	8	2	9	6	4	5
5	7	8	2	9	4	1	6	3
4	6	9	5	1	3	7	8	2
2	1	3	7	8	6	4	5	9
1	8	4	9	3	2	5	7	6
3	2	7	6	4	5	9	1	8
9	5	6	1	7	8	3	2	4

#48

2	4	8	7	6	1	3	5	9
9	1	5	2	4	3	6	7	8
6	3	7	8	9	5	1	4	2
1	9	3	6	5	4	2	8	7
7	5	4	1	8	2	9	6	3
8	6	2	9	3	7	4	1	5
4	8	1	5	2	9	7	3	6
5	7	9	3	1	6	8	2	4
3	2	6	4	7	8	5	9	1

#49

3	5	2	6	9	7	4	1	8
9	1	6	5	4	8	7	2	3
7	8	4	3	2	1	5	6	9
1	7	8	4	3	5	2	9	6
2	6	3	1	7	9	8	4	5
4	9	5	2	8	6	3	7	1
8	2	1	9	5	4	6	3	7
5	3	9	7	6	2	1	8	4
6	4	7	8	1	3	9	5	2

#50

7	9	1	2	5	8	4	3	6
6	4	5	9	1	3	8	2	7
2	3	8	7	6	4	1	9	5
9	5	3	8	4	2	6	7	1
4	7	2	1	3	6	9	5	8
1	8	6	5	9	7	2	4	3
5	1	4	3	8	9	7	6	2
3	6	7	4	2	1	5	8	9
8	2	9	6	7	5	3	1	4

#51

2	5	6	7	8	1	9	4	3
9	7	3	6	5	4	2	1	8
4	8	1	3	2	9	7	5	6
5	2	9	1	7	8	3	6	4
1	4	8	2	6	3	5	7	9
6	3	7	9	4	5	8	2	1
3	9	2	4	1	7	6	8	5
7	1	5	8	9	6	4	3	2
8	6	4	5	3	2	1	9	7

#52

2	7	3	5	6	4	1	8	9
4	9	6	1	8	3	5	2	7
1	8	5	7	2	9	4	6	3
9	4	1	6	7	8	2	3	5
5	3	2	9	4	1	8	7	6
8	6	7	2	3	5	9	1	4
3	1	4	8	5	6	7	9	2
7	5	9	3	1	2	6	4	8
6	2	8	4	9	7	3	5	1

#53

2	6	7	8	9	4	1	5	3
3	5	9	7	6	1	8	4	2
4	8	1	2	3	5	9	7	6
9	2	6	5	4	8	7	3	1
5	1	4	3	7	6	2	9	8
8	7	3	1	2	9	4	6	5
6	3	8	9	1	7	5	2	4
1	9	2	4	5	3	6	8	7
7	4	5	6	8	2	3	1	9

#54

2	8	1	6	4	5	3	9	7
5	7	9	2	3	8	6	1	4
6	4	3	7	9	1	5	8	2
3	6	4	8	1	9	7	2	5
1	9	5	3	7	2	8	4	6
7	2	8	5	6	4	1	3	9
9	5	2	1	8	7	4	6	3
4	1	6	9	5	3	2	7	8
8	3	7	4	2	6	9	5	1

#55

8	2	7	6	1	4	5	3	9
4	9	5	8	3	2	7	1	6
1	6	3	5	7	9	8	2	4
6	1	2	7	4	8	9	5	3
9	3	8	2	5	6	4	7	1
5	7	4	3	9	1	6	8	2
3	5	6	4	2	7	1	9	8
7	4	1	9	8	3	2	6	5
2	8	9	1	6	5	3	4	7

#56

5	6	8	2	1	3	4	9	7
1	2	9	4	6	7	3	8	5
3	7	4	9	5	8	6	2	1
8	4	7	6	9	2	5	1	3
9	5	3	1	8	4	2	7	6
6	1	2	3	7	5	9	4	8
4	8	1	5	2	6	7	3	9
7	3	5	8	4	9	1	6	2
2	9	6	7	3	1	8	5	4

#57

8	5	4	6	7	2	3	9	1
1	3	7	5	9	8	6	4	2
2	6	9	4	3	1	5	8	7
3	7	6	8	5	9	1	2	4
4	8	1	3	2	6	7	5	9
9	2	5	1	4	7	8	3	6
6	9	3	2	1	5	4	7	8
7	4	8	9	6	3	2	1	5
5	1	2	7	8	4	9	6	3

#58

8	7	5	2	1	6	3	4	9
3	2	6	7	4	9	5	1	8
1	9	4	8	5	3	6	2	7
5	3	2	1	9	7	4	8	6
4	1	8	3	6	2	7	9	5
7	6	9	5	8	4	2	3	1
9	5	3	4	7	1	8	6	2
6	4	7	9	2	8	1	5	3
2	8	1	6	3	5	9	7	4

#59

4	8	6	1	5	9	7	3	2
1	5	7	6	3	2	4	9	8
2	3	9	4	8	7	6	1	5
5	6	1	2	7	3	8	4	9
8	4	2	5	9	6	1	7	3
7	9	3	8	1	4	2	5	6
9	1	8	7	2	5	3	6	4
3	2	4	9	6	1	5	8	7
6	7	5	3	4	8	9	2	1

#60

9	6	7	3	8	4	2	1	5
2	4	5	7	6	1	3	8	9
8	3	1	2	9	5	6	4	7
3	9	6	4	5	8	1	7	2
1	2	8	6	7	9	5	3	4
5	7	4	1	2	3	9	6	8
4	1	2	5	3	7	8	9	6
6	8	3	9	4	2	7	5	1
7	5	9	8	1	6	4	2	3

#61

5	6	4	1	2	9	8	3	7
8	2	1	3	6	7	5	4	9
7	9	3	5	4	8	6	2	1
4	7	2	6	1	3	9	5	8
1	3	9	7	8	5	4	6	2
6	8	5	4	9	2	1	7	3
3	5	6	9	7	1	2	8	4
2	1	7	8	5	4	3	9	6
9	4	8	2	3	6	7	1	5

#62

7	5	3	8	9	6	4	1	2
8	4	2	5	7	1	3	6	9
1	9	6	2	4	3	7	8	5
4	8	9	6	1	7	2	5	3
3	1	7	9	2	5	6	4	8
6	2	5	3	8	4	9	7	1
9	6	1	7	5	2	8	3	4
2	3	4	1	6	8	5	9	7
5	7	8	4	3	9	1	2	6

#63

4	8	3	5	9	2	6	1	7
5	7	2	3	1	6	8	9	4
9	1	6	7	4	8	5	3	2
8	5	9	2	6	1	4	7	3
6	4	7	8	3	9	1	2	5
2	3	1	4	5	7	9	6	8
7	9	5	1	2	4	3	8	6
3	6	8	9	7	5	2	4	1
1	2	4	6	8	3	7	5	9

#64

9	4	6	7	3	8	5	1	2
1	3	8	4	5	2	9	6	7
7	5	2	9	1	6	4	3	8
6	8	3	2	4	1	7	5	9
2	7	9	5	6	3	8	4	1
4	1	5	8	7	9	3	2	6
5	6	1	3	8	7	2	9	4
8	9	4	1	2	5	6	7	3
3	2	7	6	9	4	1	8	5

#65

3	8	7	1	6	9	4	5	2
4	9	5	7	2	3	1	8	6
6	1	2	4	5	8	3	7	9
5	3	6	9	1	7	8	2	4
9	7	4	3	8	2	5	6	1
1	2	8	5	4	6	9	3	7
7	6	1	8	3	4	2	9	5
8	5	9	2	7	1	6	4	3
2	4	3	6	9	5	7	1	8

#66

2	3	5	9	4	6	8	7	1
7	8	4	1	2	3	9	6	5
9	1	6	7	8	5	2	3	4
8	2	3	5	1	4	6	9	7
4	5	7	6	9	2	3	1	8
1	6	9	3	7	8	5	4	2
6	4	1	2	5	9	7	8	3
3	7	2	8	6	1	4	5	9
5	9	8	4	3	7	1	2	6

#67

4	9	3	7	5	8	2	1	6
5	7	2	3	6	1	9	4	8
8	6	1	4	2	9	3	7	5
2	5	6	8	7	3	4	9	1
9	3	7	5	1	4	8	6	2
1	8	4	6	9	2	7	5	3
7	2	5	9	8	6	1	3	4
6	4	8	1	3	7	5	2	9
3	1	9	2	4	5	6	8	7

#68

7	2	5	6	4	9	3	8	1
4	1	6	2	8	3	7	5	9
3	9	8	5	1	7	2	6	4
6	4	3	9	2	5	1	7	8
1	8	2	4	7	6	9	3	5
5	7	9	1	3	8	4	2	6
8	3	4	7	6	1	5	9	2
9	6	1	3	5	2	8	4	7
2	5	7	8	9	4	6	1	3

#69

9	6	2	4	3	8	5	1	7
4	1	7	9	6	5	2	3	8
8	3	5	7	2	1	6	9	4
1	4	9	5	7	6	3	8	2
2	7	3	1	8	9	4	5	6
5	8	6	3	4	2	9	7	1
6	9	1	2	5	7	8	4	3
3	5	8	6	1	4	7	2	9
7	2	4	8	9	3	1	6	5

#70

9	2	4	8	7	1	5	3	6
5	3	7	2	4	6	1	8	9
6	8	1	9	3	5	4	2	7
8	5	6	1	9	3	2	7	4
1	7	3	5	2	4	9	6	8
2	4	9	6	8	7	3	5	1
3	9	5	4	6	8	7	1	2
4	1	8	7	5	2	6	9	3
7	6	2	3	1	9	8	4	5

#71

3	9	8	2	4	1	7	6	5
4	1	7	5	3	6	9	2	8
5	6	2	9	8	7	3	4	1
7	2	5	1	9	3	6	8	4
6	8	3	4	5	2	1	9	7
9	4	1	6	7	8	5	3	2
1	5	6	8	2	9	4	7	3
2	3	4	7	6	5	8	1	9
8	7	9	3	1	4	2	5	6

#72

5	7	6	4	1	3	8	2	9
3	2	4	7	9	8	6	5	1
8	9	1	6	5	2	4	3	7
1	3	5	2	7	4	9	8	6
6	4	9	5	8	1	2	7	3
7	8	2	9	3	6	5	1	4
2	5	7	3	6	9	1	4	8
4	6	8	1	2	7	3	9	5
9	1	3	8	4	5	7	6	2

#73

7	6	1	9	8	3	4	5	2
3	4	8	7	2	5	1	9	6
9	2	5	1	4	6	7	3	8
2	1	6	4	5	8	3	7	9
8	7	3	2	1	9	5	6	4
5	9	4	3	6	7	8	2	1
4	5	2	6	3	1	9	8	7
1	3	9	8	7	2	6	4	5
6	8	7	5	9	4	2	1	3

#74

6	5	2	8	7	9	3	4	1
9	3	4	2	5	1	6	7	8
7	1	8	4	3	6	5	9	2
8	7	9	6	2	3	1	5	4
3	4	5	7	1	8	2	6	9
1	2	6	5	9	4	8	3	7
5	8	1	3	4	7	9	2	6
4	9	3	1	6	2	7	8	5
2	6	7	9	8	5	4	1	3

#75

1	8	4	2	3	7	9	5	6
3	2	6	5	1	9	7	8	4
7	9	5	4	8	6	3	1	2
9	3	2	8	4	1	6	7	5
6	5	7	3	9	2	8	4	1
8	4	1	6	7	5	2	3	9
2	6	3	1	5	8	4	9	7
5	7	8	9	6	4	1	2	3
4	1	9	7	2	3	5	6	8

#76

6	5	1	7	4	9	2	3	8
2	3	4	8	1	5	9	7	6
7	9	8	3	2	6	5	4	1
8	2	5	1	3	4	7	6	9
9	7	3	6	8	2	1	5	4
4	1	6	9	5	7	3	8	2
5	8	7	2	6	1	4	9	3
1	6	9	4	7	3	8	2	5
3	4	2	5	9	8	6	1	7

#77

6	9	1	5	2	3	8	7	4
4	3	5	7	1	8	2	6	9
7	8	2	9	4	6	5	1	3
1	7	6	8	3	4	9	5	2
5	2	8	1	9	7	4	3	6
3	4	9	2	6	5	1	8	7
2	1	3	6	8	9	7	4	5
9	6	7	4	5	1	3	2	8
8	5	4	3	7	2	6	9	1

#78

8	4	1	3	7	2	6	9	5
3	2	5	4	9	6	1	8	7
9	6	7	1	8	5	4	3	2
1	7	3	6	5	4	9	2	8
2	5	8	9	3	1	7	4	6
6	9	4	8	2	7	5	1	3
7	3	6	2	1	9	8	5	4
5	8	9	7	4	3	2	6	1
4	1	2	5	6	8	3	7	9

#79

5	8	7	6	2	4	3	1	9
6	2	1	9	7	3	8	5	4
4	9	3	1	8	5	2	7	6
7	1	8	2	9	6	4	3	5
3	4	6	5	1	8	9	2	7
2	5	9	3	4	7	1	6	8
9	6	2	4	5	1	7	8	3
1	7	5	8	3	9	6	4	2
8	3	4	7	6	2	5	9	1

#80

2	8	7	1	4	9	3	6	5
9	6	4	5	2	3	7	8	1
3	1	5	8	6	7	9	4	2
4	7	9	6	3	5	2	1	8
1	3	2	4	7	8	5	9	6
6	5	8	9	1	2	4	7	3
8	2	1	7	5	4	6	3	9
5	4	6	3	9	1	8	2	7
7	9	3	2	8	6	1	5	4

#81

4	7	3	2	9	1	5	6	8
1	6	5	4	7	8	9	2	3
9	2	8	6	5	3	7	4	1
3	8	4	5	2	6	1	9	7
6	9	7	1	8	4	2	3	5
5	1	2	7	3	9	4	8	6
7	5	6	3	4	2	8	1	9
8	4	1	9	6	5	3	7	2
2	3	9	8	1	7	6	5	4

#82

6	9	2	5	1	4	7	3	8
8	4	1	7	9	3	6	2	5
7	5	3	8	2	6	4	9	1
2	1	7	4	6	8	3	5	9
9	3	6	2	7	5	8	1	4
4	8	5	9	3	1	2	7	6
1	2	4	6	5	7	9	8	3
5	6	9	3	8	2	1	4	7
3	7	8	1	4	9	5	6	2

#83

4	7	8	6	5	3	9	2	1
9	2	6	4	1	7	3	5	8
1	3	5	8	9	2	7	6	4
7	5	3	9	6	1	4	8	2
2	9	4	5	7	8	6	1	3
8	6	1	3	2	4	5	7	9
6	1	2	7	4	9	8	3	5
3	4	7	2	8	5	1	9	6
5	8	9	1	3	6	2	4	7

#84

5	2	7	9	3	6	8	1	4
4	8	6	7	2	1	9	5	3
1	3	9	5	4	8	7	6	2
9	6	4	3	5	7	1	2	8
3	1	2	4	8	9	6	7	5
8	7	5	1	6	2	4	3	9
6	5	1	8	9	3	2	4	7
7	9	3	2	1	4	5	8	6
2	4	8	6	7	5	3	9	1

#85

9	1	4	5	6	7	3	2	8
2	3	6	8	4	1	5	9	7
5	8	7	2	9	3	6	1	4
4	7	5	6	2	8	1	3	9
8	6	1	4	3	9	2	7	5
3	2	9	7	1	5	8	4	6
7	9	2	1	8	6	4	5	3
6	4	3	9	5	2	7	8	1
1	5	8	3	7	4	9	6	2

#86

4	2	9	3	6	8	5	1	7
1	8	5	2	9	7	3	6	4
3	6	7	5	1	4	8	9	2
8	3	2	6	7	1	9	4	5
9	7	6	8	4	5	1	2	3
5	1	4	9	3	2	7	8	6
7	5	8	4	2	9	6	3	1
2	9	3	1	5	6	4	7	8
6	4	1	7	8	3	2	5	9

#87

1	2	7	3	9	4	5	8	6
8	3	4	7	6	5	2	1	9
5	9	6	8	1	2	3	4	7
6	1	2	4	8	3	7	9	5
4	5	8	6	7	9	1	3	2
9	7	3	2	5	1	8	6	4
7	8	1	9	2	6	4	5	3
3	6	5	1	4	7	9	2	8
2	4	9	5	3	8	6	7	1

#88

3	8	5	9	1	7	6	4	2
9	1	6	2	8	4	3	5	7
4	2	7	5	6	3	1	9	8
7	6	4	1	9	5	2	8	3
5	3	8	7	4	2	9	1	6
2	9	1	8	3	6	4	7	5
8	5	3	4	2	1	7	6	9
6	4	9	3	7	8	5	2	1
1	7	2	6	5	9	8	3	4

#89

6	8	5	7	3	1	9	4	2
4	9	2	5	8	6	7	1	3
3	7	1	4	2	9	6	5	8
1	3	6	9	7	4	2	8	5
8	4	9	3	5	2	1	7	6
5	2	7	1	6	8	3	9	4
9	1	3	6	4	5	8	2	7
7	5	8	2	9	3	4	6	1
2	6	4	8	1	7	5	3	9

#90

4	9	2	8	7	1	3	6	5
6	1	5	3	2	9	8	4	7
8	7	3	6	4	5	1	2	9
5	3	9	7	6	2	4	8	1
7	2	4	5	1	8	6	9	3
1	6	8	9	3	4	5	7	2
2	5	7	1	8	6	9	3	4
3	8	1	4	9	7	2	5	6
9	4	6	2	5	3	7	1	8

#91

4	3	9	6	5	2	1	8	7
7	5	8	3	1	9	2	6	4
6	2	1	8	7	4	5	9	3
2	8	3	4	6	5	7	1	9
9	4	6	1	2	7	8	3	5
5	1	7	9	3	8	4	2	6
8	7	2	5	9	6	3	4	1
3	6	5	2	4	1	9	7	8
1	9	4	7	8	3	6	5	2

#92

1	2	6	8	3	4	5	7	9
3	4	7	9	2	5	6	8	1
8	5	9	1	6	7	4	3	2
9	6	4	2	7	3	8	1	5
5	3	1	6	4	8	2	9	7
7	8	2	5	1	9	3	4	6
4	7	5	3	9	2	1	6	8
6	9	8	4	5	1	7	2	3
2	1	3	7	8	6	9	5	4

#93

1	5	2	3	6	9	7	8	4
4	3	9	8	1	7	5	6	2
8	6	7	2	5	4	3	1	9
6	8	1	5	4	2	9	3	7
7	2	5	1	9	3	8	4	6
3	9	4	7	8	6	1	2	5
9	1	8	6	2	5	4	7	3
2	4	3	9	7	1	6	5	8
5	7	6	4	3	8	2	9	1

#94

4	8	7	5	6	1	9	2	3
3	6	9	8	7	2	5	4	1
1	2	5	3	4	9	7	8	6
8	7	1	6	5	4	2	3	9
6	5	3	9	2	7	8	1	4
2	9	4	1	8	3	6	5	7
9	3	8	7	1	5	4	6	2
5	1	2	4	9	6	3	7	8
7	4	6	2	3	8	1	9	5

#95

2	1	7	4	9	5	8	6	3
6	5	9	8	3	7	1	2	4
3	4	8	2	6	1	9	7	5
4	6	1	5	2	9	3	8	7
7	9	2	1	8	3	5	4	6
8	3	5	7	4	6	2	9	1
5	7	6	9	1	8	4	3	2
1	8	4	3	7	2	6	5	9
9	2	3	6	5	4	7	1	8

#96

6	2	9	4	1	3	5	8	7
7	3	8	2	5	6	4	1	9
5	4	1	7	8	9	3	6	2
8	9	6	5	7	2	1	3	4
3	1	7	8	6	4	2	9	5
2	5	4	9	3	1	8	7	6
1	6	5	3	2	7	9	4	8
9	8	3	6	4	5	7	2	1
4	7	2	1	9	8	6	5	3

#97

7	4	6	3	1	5	2	9	8
1	9	8	6	7	2	3	5	4
5	2	3	9	4	8	7	1	6
2	3	4	1	8	6	5	7	9
6	7	5	2	3	9	8	4	1
9	8	1	4	5	7	6	3	2
3	1	2	7	6	4	9	8	5
4	5	9	8	2	3	1	6	7
8	6	7	5	9	1	4	2	3

#98

7	1	6	9	3	2	5	8	4
5	9	8	6	1	4	2	7	3
4	3	2	5	7	8	1	6	9
8	2	7	3	9	5	6	4	1
1	5	3	2	4	6	7	9	8
9	6	4	7	8	1	3	2	5
3	8	1	4	6	7	9	5	2
2	7	9	8	5	3	4	1	6
6	4	5	1	2	9	8	3	7

#99

1	2	6	4	8	7	5	9	3
7	5	9	2	3	6	4	1	8
3	8	4	5	9	1	2	7	6
8	7	1	9	2	3	6	5	4
9	3	5	7	6	4	8	2	1
4	6	2	8	1	5	9	3	7
5	4	3	6	7	2	1	8	9
6	9	7	1	5	8	3	4	2
2	1	8	3	4	9	7	6	5

#100

5	3	6	7	8	2	9	4	1
4	8	1	6	9	5	2	7	3
2	7	9	4	3	1	6	8	5
8	2	4	1	7	6	5	3	9
6	9	7	8	5	3	1	2	4
1	5	3	2	4	9	7	6	8
9	6	2	3	1	8	4	5	7
7	1	8	5	6	4	3	9	2
3	4	5	9	2	7	8	1	6

#101

9	4	1	3	5	6	8	7	2
5	7	3	4	2	8	9	6	1
8	6	2	9	1	7	5	3	4
4	9	7	5	8	2	6	1	3
1	5	8	7	6	3	2	4	9
3	2	6	1	9	4	7	5	8
7	3	5	2	4	9	1	8	6
6	1	9	8	3	5	4	2	7
2	8	4	6	7	1	3	9	5

#102

9	4	3	2	1	5	8	6	7
2	7	5	6	4	8	1	9	3
1	6	8	9	7	3	4	5	2
7	9	6	4	5	1	2	3	8
5	2	4	8	3	6	9	7	1
3	8	1	7	9	2	5	4	6
4	3	7	1	8	9	6	2	5
8	5	2	3	6	4	7	1	9
6	1	9	5	2	7	3	8	4

#103

7	3	1	4	9	6	5	8	2
5	9	2	8	7	3	4	6	1
6	8	4	1	5	2	7	3	9
9	7	5	6	2	1	8	4	3
1	4	8	5	3	9	2	7	6
2	6	3	7	4	8	1	9	5
8	5	9	3	1	4	6	2	7
4	2	7	9	6	5	3	1	8
3	1	6	2	8	7	9	5	4

#104

3	6	1	2	4	8	7	9	5
7	2	9	1	6	5	4	8	3
4	8	5	3	7	9	1	2	6
5	3	7	9	8	4	2	6	1
2	9	8	7	1	6	5	3	4
6	1	4	5	3	2	9	7	8
8	4	2	6	9	1	3	5	7
9	7	6	4	5	3	8	1	2
1	5	3	8	2	7	6	4	9

#105

9	7	6	4	8	3	5	1	2
8	1	5	6	2	7	3	4	9
3	4	2	1	5	9	8	7	6
4	3	8	9	7	5	6	2	1
2	6	1	8	3	4	7	9	5
5	9	7	2	6	1	4	3	8
7	2	9	5	4	8	1	6	3
1	8	4	3	9	6	2	5	7
6	5	3	7	1	2	9	8	4

#106

8	4	2	1	9	6	5	3	7
9	7	5	4	2	3	6	8	1
3	1	6	7	5	8	2	9	4
7	3	4	8	6	2	1	5	9
2	9	8	3	1	5	7	4	6
6	5	1	9	4	7	8	2	3
5	8	7	6	3	4	9	1	2
1	6	3	2	8	9	4	7	5
4	2	9	5	7	1	3	6	8

#107

3	1	5	2	8	4	9	7	6
7	4	2	5	9	6	8	3	1
8	6	9	1	7	3	5	2	4
2	9	3	6	5	1	4	8	7
6	5	8	4	3	7	2	1	9
4	7	1	9	2	8	3	6	5
1	2	7	8	4	9	6	5	3
9	8	6	3	1	5	7	4	2
5	3	4	7	6	2	1	9	8

#108

4	8	3	7	9	1	2	6	5
5	7	9	8	6	2	3	1	4
2	1	6	4	5	3	7	9	8
6	3	5	1	4	7	8	2	9
7	9	8	2	3	5	6	4	1
1	2	4	9	8	6	5	7	3
9	5	7	3	2	4	1	8	6
3	4	1	6	7	8	9	5	2
8	6	2	5	1	9	4	3	7

#109

5	8	4	1	7	2	3	9	6
3	6	7	4	9	5	8	2	1
1	9	2	6	3	8	5	4	7
4	7	9	2	8	6	1	5	3
6	3	5	9	1	7	2	8	4
8	2	1	5	4	3	6	7	9
9	5	3	7	2	1	4	6	8
2	4	8	3	6	9	7	1	5
7	1	6	8	5	4	9	3	2

#110

6	2	7	3	5	4	9	1	8
9	1	3	6	7	8	2	5	4
8	5	4	1	9	2	3	7	6
7	4	8	5	6	3	1	2	9
3	6	1	9	2	7	8	4	5
5	9	2	8	4	1	7	6	3
1	7	6	4	8	9	5	3	2
2	8	5	7	3	6	4	9	1
4	3	9	2	1	5	6	8	7

#111

9	7	3	6	1	4	2	8	5
6	8	2	9	5	7	3	4	1
4	1	5	2	3	8	9	6	7
2	5	8	1	6	9	4	7	3
1	6	9	4	7	3	8	5	2
7	3	4	5	8	2	6	1	9
3	2	7	8	4	1	5	9	6
8	9	6	7	2	5	1	3	4
5	4	1	3	9	6	7	2	8

#112

1	5	6	7	9	2	4	3	8
8	9	7	1	4	3	2	6	5
2	4	3	8	6	5	1	7	9
9	8	1	4	7	6	5	2	3
6	2	5	9	3	8	7	4	1
3	7	4	5	2	1	9	8	6
7	3	9	6	5	4	8	1	2
5	6	8	2	1	7	3	9	4
4	1	2	3	8	9	6	5	7

#113

4	9	6	2	8	3	5	7	1
7	5	1	6	9	4	8	2	3
2	3	8	5	1	7	6	4	9
8	6	7	4	2	9	3	1	5
3	2	5	7	6	1	4	9	8
9	1	4	3	5	8	7	6	2
5	4	9	1	3	6	2	8	7
1	7	3	8	4	2	9	5	6
6	8	2	9	7	5	1	3	4

#114

4	6	1	8	2	3	9	5	7
8	5	3	7	6	9	4	1	2
2	7	9	1	5	4	6	8	3
7	3	8	4	1	6	2	9	5
5	1	4	2	9	7	3	6	8
6	9	2	5	3	8	7	4	1
1	4	7	6	8	2	5	3	9
9	2	5	3	4	1	8	7	6
3	8	6	9	7	5	1	2	4

#115

7	2	1	3	5	4	8	9	6
3	4	6	7	8	9	5	2	1
5	8	9	1	2	6	3	7	4
8	6	7	9	3	2	4	1	5
2	5	4	6	7	1	9	3	8
9	1	3	5	4	8	7	6	2
1	7	2	4	9	5	6	8	3
4	3	8	2	6	7	1	5	9
6	9	5	8	1	3	2	4	7

#116

7	8	3	6	4	5	1	2	9
4	6	2	1	9	8	7	3	5
1	5	9	2	3	7	4	8	6
9	3	6	8	7	1	5	4	2
2	4	8	9	5	3	6	1	7
5	7	1	4	2	6	8	9	3
6	1	5	3	8	2	9	7	4
3	9	7	5	1	4	2	6	8
8	2	4	7	6	9	3	5	1

#117

7	1	4	9	8	5	3	2	6
6	5	8	3	2	1	4	7	9
3	9	2	7	4	6	1	8	5
2	3	1	5	7	4	6	9	8
4	7	6	2	9	8	5	3	1
9	8	5	1	6	3	2	4	7
5	6	9	4	3	7	8	1	2
8	4	7	6	1	2	9	5	3
1	2	3	8	5	9	7	6	4

#118

9	2	8	7	1	4	5	3	6
4	5	6	8	2	3	9	1	7
7	3	1	9	5	6	4	8	2
1	9	4	3	6	8	2	7	5
6	8	2	1	7	5	3	9	4
3	7	5	4	9	2	8	6	1
5	1	9	2	8	7	6	4	3
2	4	7	6	3	9	1	5	8
8	6	3	5	4	1	7	2	9

#119

4	5	6	1	3	9	2	8	7
7	8	9	2	4	6	1	3	5
1	3	2	7	5	8	6	4	9
9	7	5	6	8	3	4	2	1
3	6	4	5	1	2	9	7	8
2	1	8	4	9	7	3	5	6
6	9	7	3	2	5	8	1	4
8	2	1	9	7	4	5	6	3
5	4	3	8	6	1	7	9	2

#120

8	5	9	6	1	7	4	2	3
4	6	2	8	3	9	7	1	5
1	3	7	2	5	4	6	9	8
9	8	5	1	4	6	2	3	7
6	4	3	9	7	2	8	5	1
2	7	1	3	8	5	9	6	4
5	1	6	7	2	8	3	4	9
3	2	8	4	9	1	5	7	6
7	9	4	5	6	3	1	8	2

#121

9	8	3	4	7	6	5	2	1
7	4	1	2	3	5	8	6	9
6	5	2	8	1	9	4	7	3
4	1	7	6	2	8	9	3	5
5	2	8	7	9	3	1	4	6
3	6	9	1	5	4	7	8	2
1	7	6	9	4	2	3	5	8
2	3	4	5	8	1	6	9	7
8	9	5	3	6	7	2	1	4

#122

6	7	2	8	5	1	3	9	4
3	5	8	9	4	6	7	2	1
1	9	4	2	3	7	8	6	5
9	8	5	7	1	2	6	4	3
7	4	6	5	8	3	2	1	9
2	3	1	4	6	9	5	8	7
4	2	7	3	9	8	1	5	6
5	6	3	1	2	4	9	7	8
8	1	9	6	7	5	4	3	2

#123

9	4	6	5	1	8	2	3	7
1	8	7	4	3	2	6	5	9
2	3	5	9	7	6	4	1	8
3	9	1	2	5	7	8	6	4
7	6	4	1	8	9	3	2	5
5	2	8	6	4	3	7	9	1
8	5	2	7	6	1	9	4	3
4	7	9	3	2	5	1	8	6
6	1	3	8	9	4	5	7	2

#124

3	6	2	7	9	1	4	5	8
7	8	4	3	5	2	9	1	6
9	5	1	8	6	4	7	2	3
5	9	3	2	7	8	1	6	4
6	1	7	9	4	5	3	8	2
4	2	8	1	3	6	5	9	7
2	7	6	4	1	9	8	3	5
8	3	9	5	2	7	6	4	1
1	4	5	6	8	3	2	7	9

#125

7	4	3	9	8	1	6	5	2
6	8	9	5	2	3	7	4	1
1	5	2	4	7	6	3	9	8
5	9	8	6	4	7	1	2	3
4	3	7	2	1	5	9	8	6
2	6	1	3	9	8	5	7	4
3	2	6	7	5	4	8	1	9
8	7	4	1	6	9	2	3	5
9	1	5	8	3	2	4	6	7

#126

2	8	5	3	4	6	7	1	9
9	6	7	5	2	1	4	8	3
3	4	1	9	8	7	5	6	2
8	5	2	7	9	4	6	3	1
1	7	6	2	3	5	8	9	4
4	3	9	1	6	8	2	7	5
6	2	8	4	1	3	9	5	7
5	9	3	6	7	2	1	4	8
7	1	4	8	5	9	3	2	6

#127

3	6	2	7	8	4	1	9	5
4	5	7	9	3	1	8	2	6
1	8	9	2	5	6	3	7	4
9	3	8	5	4	7	2	6	1
2	4	1	6	9	3	7	5	8
6	7	5	8	1	2	4	3	9
5	9	3	1	2	8	6	4	7
8	2	6	4	7	5	9	1	3
7	1	4	3	6	9	5	8	2

#128

2	7	3	1	4	8	6	9	5
4	9	8	6	2	5	3	7	1
5	6	1	3	7	9	4	8	2
6	3	9	8	1	4	5	2	7
8	1	4	2	5	7	9	3	6
7	2	5	9	6	3	1	4	8
1	5	7	4	3	2	8	6	9
3	8	6	7	9	1	2	5	4
9	4	2	5	8	6	7	1	3

#129

7	5	1	3	6	2	8	4	9
9	6	8	5	7	4	1	3	2
2	4	3	8	1	9	7	6	5
8	9	2	6	5	7	4	1	3
6	7	5	1	4	3	2	9	8
3	1	4	9	2	8	5	7	6
1	3	7	2	8	6	9	5	4
4	2	9	7	3	5	6	8	1
5	8	6	4	9	1	3	2	7

#130

9	4	8	1	7	5	3	2	6
5	2	6	3	4	9	8	1	7
3	7	1	6	2	8	9	4	5
2	6	3	9	8	1	7	5	4
8	5	7	4	3	2	6	9	1
1	9	4	5	6	7	2	8	3
7	1	9	2	5	6	4	3	8
4	8	5	7	9	3	1	6	2
6	3	2	8	1	4	5	7	9

#131

7	3	1	6	5	9	2	8	4
6	9	8	2	4	3	1	5	7
4	5	2	7	8	1	3	9	6
2	7	3	5	9	4	6	1	8
8	1	6	3	7	2	9	4	5
5	4	9	1	6	8	7	2	3
3	6	4	9	1	5	8	7	2
9	2	5	8	3	7	4	6	1
1	8	7	4	2	6	5	3	9

#132

9	7	8	6	5	1	4	2	3
4	5	6	7	3	2	1	8	9
3	2	1	8	4	9	7	5	6
5	1	4	3	6	7	2	9	8
7	8	2	9	1	5	6	3	4
6	9	3	2	8	4	5	1	7
1	6	5	4	9	8	3	7	2
8	3	7	5	2	6	9	4	1
2	4	9	1	7	3	8	6	5

#133

8	9	1	5	6	7	3	4	2
7	2	4	9	3	8	5	6	1
5	3	6	2	4	1	9	7	8
2	4	3	6	5	9	1	8	7
6	7	8	4	1	3	2	9	5
1	5	9	8	7	2	6	3	4
3	6	7	1	8	5	4	2	9
4	1	2	7	9	6	8	5	3
9	8	5	3	2	4	7	1	6

#134

6	7	2	4	1	3	9	5	8
4	5	3	7	8	9	1	2	6
9	1	8	6	2	5	3	4	7
2	9	1	8	5	6	4	7	3
3	8	6	9	4	7	5	1	2
5	4	7	2	3	1	8	6	9
1	2	4	3	6	8	7	9	5
7	3	5	1	9	2	6	8	4
8	6	9	5	7	4	2	3	1

#135

1	4	6	2	3	9	7	8	5
5	2	9	7	1	8	3	4	6
3	8	7	6	5	4	9	2	1
2	9	3	8	7	5	1	6	4
4	5	8	3	6	1	2	7	9
6	7	1	9	4	2	8	5	3
9	3	4	5	8	7	6	1	2
7	1	2	4	9	6	5	3	8
8	6	5	1	2	3	4	9	7

#136

7	3	8	1	4	5	2	6	9
2	1	6	9	3	8	7	4	5
5	4	9	2	6	7	1	3	8
4	9	1	3	8	6	5	2	7
8	7	5	4	9	2	6	1	3
3	6	2	7	5	1	9	8	4
1	2	4	5	7	3	8	9	6
6	5	3	8	2	9	4	7	1
9	8	7	6	1	4	3	5	2

#137

8	9	3	4	6	1	2	5	7
4	2	1	8	7	5	3	9	6
7	6	5	2	9	3	1	4	8
5	8	6	9	3	4	7	2	1
1	7	4	6	8	2	9	3	5
2	3	9	1	5	7	8	6	4
9	4	2	7	1	6	5	8	3
6	5	7	3	2	8	4	1	9
3	1	8	5	4	9	6	7	2

#138

4	6	5	8	7	1	2	9	3
7	8	2	3	5	9	4	1	6
3	1	9	6	4	2	5	7	8
2	4	1	7	6	3	9	8	5
6	5	7	2	9	8	3	4	1
9	3	8	4	1	5	6	2	7
8	7	4	9	3	6	1	5	2
1	9	6	5	2	7	8	3	4
5	2	3	1	8	4	7	6	9

#139

5	4	2	6	1	3	9	7	8
7	1	8	4	9	2	5	3	6
9	3	6	5	8	7	1	2	4
8	9	5	7	6	4	2	1	3
1	6	3	9	2	8	7	4	5
2	7	4	3	5	1	8	6	9
3	8	7	2	4	9	6	5	1
6	2	1	8	3	5	4	9	7
4	5	9	1	7	6	3	8	2

#140

6	1	8	9	3	7	4	2	5
3	2	5	4	8	6	7	1	9
9	4	7	2	1	5	3	8	6
4	5	6	1	7	8	9	3	2
2	3	1	6	9	4	8	5	7
8	7	9	3	5	2	6	4	1
1	8	4	5	6	9	2	7	3
5	6	2	7	4	3	1	9	8
7	9	3	8	2	1	5	6	4

#141

7	3	1	2	8	4	9	6	5
6	8	5	3	7	9	2	1	4
4	9	2	1	5	6	7	3	8
1	7	9	4	3	8	6	5	2
8	6	4	9	2	5	3	7	1
2	5	3	7	6	1	8	4	9
9	2	7	5	1	3	4	8	6
3	1	6	8	4	2	5	9	7
5	4	8	6	9	7	1	2	3

#142

1	5	2	8	3	6	9	4	7
3	9	4	7	1	2	6	5	8
6	7	8	5	4	9	3	2	1
9	2	1	3	6	7	5	8	4
7	4	3	1	8	5	2	9	6
8	6	5	2	9	4	1	7	3
5	1	6	4	2	8	7	3	9
4	3	7	9	5	1	8	6	2
2	8	9	6	7	3	4	1	5

#143

1	8	7	9	5	2	6	4	3
4	2	6	3	1	7	5	8	9
9	3	5	4	6	8	1	2	7
8	9	3	2	7	1	4	5	6
5	1	2	6	3	4	7	9	8
7	6	4	5	8	9	2	3	1
2	5	1	7	9	3	8	6	4
3	4	8	1	2	6	9	7	5
6	7	9	8	4	5	3	1	2

#144

7	8	5	9	6	3	4	2	1
6	2	1	7	5	4	9	8	3
3	4	9	2	1	8	7	6	5
9	5	2	6	7	1	8	3	4
4	6	8	3	9	2	1	5	7
1	7	3	8	4	5	6	9	2
8	1	4	5	3	9	2	7	6
5	9	6	1	2	7	3	4	8
2	3	7	4	8	6	5	1	9

#145

1	5	8	4	3	2	9	7	6
3	9	6	8	1	7	2	4	5
7	2	4	5	6	9	8	3	1
9	6	5	2	8	4	3	1	7
2	4	7	1	9	3	6	5	8
8	3	1	7	5	6	4	9	2
4	7	3	6	2	1	5	8	9
5	1	2	9	4	8	7	6	3
6	8	9	3	7	5	1	2	4

#146

6	8	3	7	2	1	4	9	5
2	5	9	6	8	4	3	7	1
4	7	1	9	5	3	8	2	6
9	3	8	1	7	5	6	4	2
7	4	6	8	3	2	1	5	9
1	2	5	4	9	6	7	3	8
5	1	7	2	4	8	9	6	3
3	6	4	5	1	9	2	8	7
8	9	2	3	6	7	5	1	4

#147

5	1	2	7	9	6	3	8	4
4	3	6	5	8	1	7	9	2
9	7	8	4	3	2	1	5	6
6	5	3	8	1	9	4	2	7
1	8	4	6	2	7	5	3	9
2	9	7	3	4	5	8	6	1
7	2	1	9	5	8	6	4	3
3	6	5	2	7	4	9	1	8
8	4	9	1	6	3	2	7	5

#148

5	6	1	7	2	3	4	8	9
9	8	3	5	1	4	7	6	2
7	4	2	8	6	9	3	1	5
3	5	9	1	8	6	2	7	4
2	7	6	4	3	5	1	9	8
8	1	4	9	7	2	5	3	6
1	9	8	2	5	7	6	4	3
4	3	5	6	9	1	8	2	7
6	2	7	3	4	8	9	5	1

#149

7	2	8	9	1	3	6	4	5
6	3	1	8	4	5	2	9	7
9	4	5	2	6	7	1	3	8
1	9	6	7	8	2	3	5	4
5	7	3	1	9	4	8	2	6
4	8	2	5	3	6	7	1	9
8	1	4	3	7	9	5	6	2
3	5	9	6	2	8	4	7	1
2	6	7	4	5	1	9	8	3

#150

7	4	6	2	8	3	1	5	9
5	8	1	7	6	9	3	4	2
3	9	2	4	5	1	6	8	7
6	2	3	8	4	7	5	9	1
9	7	8	3	1	5	4	2	6
1	5	4	9	2	6	8	7	3
8	3	5	1	7	2	9	6	4
4	1	7	6	9	8	2	3	5
2	6	9	5	3	4	7	1	8

#151

6	7	3	5	4	1	8	2	9
8	1	2	3	9	7	6	5	4
5	9	4	8	2	6	7	3	1
2	4	9	1	7	3	5	6	8
1	6	7	4	8	5	2	9	3
3	8	5	2	6	9	4	1	7
4	2	6	9	3	8	1	7	5
7	3	1	6	5	4	9	8	2
9	5	8	7	1	2	3	4	6

#154

8	6	5	7	3	9	2	4	1
2	7	1	6	4	8	3	9	5
3	9	4	2	5	1	6	8	7
1	8	6	5	7	4	9	2	3
9	4	7	8	2	3	1	5	6
5	3	2	9	1	6	8	7	4
6	2	3	4	9	5	7	1	8
4	1	9	3	8	7	5	6	2
7	5	8	1	6	2	4	3	9

#152

9	6	3	5	7	1	8	2	4
5	8	4	2	6	9	1	3	7
7	1	2	8	3	4	6	9	5
3	7	8	6	9	5	4	1	2
2	4	6	3	1	8	5	7	9
1	5	9	4	2	7	3	8	6
8	3	7	9	5	6	2	4	1
4	9	5	1	8	2	7	6	3
6	2	1	7	4	3	9	5	8

#155

6	7	4	1	9	5	8	3	2
2	3	1	8	4	6	5	7	9
9	8	5	3	7	2	1	6	4
3	4	7	6	1	8	2	9	5
8	2	9	4	5	7	6	1	3
1	5	6	2	3	9	4	8	7
4	6	2	9	8	3	7	5	1
7	1	3	5	6	4	9	2	8
5	9	8	7	2	1	3	4	6

#153

9	5	6	8	1	3	2	4	7
3	2	1	4	7	6	8	5	9
8	7	4	5	9	2	6	1	3
2	1	3	6	8	5	7	9	4
7	8	9	3	4	1	5	2	6
4	6	5	9	2	7	1	3	8
5	3	2	7	6	9	4	8	1
6	9	8	1	5	4	3	7	2
1	4	7	2	3	8	9	6	5

#156

3	6	8	7	9	5	2	1	4
9	7	4	6	1	2	8	5	3
5	1	2	3	8	4	9	7	6
8	4	7	9	3	6	5	2	1
6	2	9	4	5	1	3	8	7
1	3	5	2	7	8	6	4	9
2	9	6	8	4	7	1	3	5
4	8	1	5	6	3	7	9	2
7	5	3	1	2	9	4	6	8

#157

3	4	9	1	8	2	6	7	5
5	6	2	4	7	9	3	1	8
7	1	8	5	3	6	9	2	4
4	8	1	7	2	3	5	9	6
9	3	5	6	1	8	2	4	7
6	2	7	9	5	4	1	8	3
2	7	3	8	6	1	4	5	9
1	5	4	3	9	7	8	6	2
8	9	6	2	4	5	7	3	1

#158

8	9	6	7	2	1	3	4	5
4	7	5	8	9	3	2	1	6
3	2	1	6	5	4	8	9	7
2	6	8	3	7	9	1	5	4
7	5	9	1	4	2	6	8	3
1	3	4	5	6	8	7	2	9
6	8	7	9	1	5	4	3	2
9	4	3	2	8	6	5	7	1
5	1	2	4	3	7	9	6	8

#159

1	8	3	6	4	9	2	7	5
6	4	2	5	3	7	1	9	8
7	9	5	2	1	8	6	4	3
3	1	9	8	7	5	4	6	2
2	5	7	9	6	4	3	8	1
4	6	8	3	2	1	9	5	7
8	2	1	7	9	6	5	3	4
5	3	6	4	8	2	7	1	9
9	7	4	1	5	3	8	2	6

#160

4	1	5	3	7	9	2	8	6
2	6	7	4	1	8	3	5	9
9	8	3	6	5	2	1	4	7
3	4	1	9	2	6	5	7	8
6	2	9	5	8	7	4	3	1
5	7	8	1	3	4	9	6	2
8	5	6	2	9	3	7	1	4
1	9	4	7	6	5	8	2	3
7	3	2	8	4	1	6	9	5

#161

8	9	1	4	5	7	3	6	2
3	4	7	8	6	2	1	9	5
2	6	5	9	1	3	4	7	8
4	2	6	7	3	5	8	1	9
1	7	8	2	9	4	5	3	6
9	5	3	1	8	6	7	2	4
5	8	9	3	2	1	6	4	7
7	3	2	6	4	8	9	5	1
6	1	4	5	7	9	2	8	3

#162

1	3	8	4	7	6	9	5	2
7	5	4	2	3	9	8	6	1
6	2	9	1	5	8	4	3	7
3	7	6	8	9	2	1	4	5
9	1	2	7	4	5	6	8	3
4	8	5	6	1	3	7	2	9
2	6	3	9	8	1	5	7	4
8	4	1	5	2	7	3	9	6
5	9	7	3	6	4	2	1	8

#163

7	9	1	2	4	8	3	6	5
2	3	6	7	1	5	8	4	9
5	4	8	3	6	9	7	1	2
8	5	4	6	7	3	2	9	1
9	1	7	8	2	4	5	3	6
6	2	3	5	9	1	4	8	7
1	6	5	4	3	7	9	2	8
4	8	9	1	5	2	6	7	3
3	7	2	9	8	6	1	5	4

#166

8	3	5	4	6	7	2	9	1
7	1	9	8	5	2	6	4	3
4	2	6	9	1	3	7	5	8
5	6	8	7	9	4	1	3	2
3	9	2	6	8	1	5	7	4
1	7	4	2	3	5	8	6	9
2	8	3	5	7	9	4	1	6
6	5	1	3	4	8	9	2	7
9	4	7	1	2	6	3	8	5

#164

6	3	5	7	4	1	8	9	2
9	7	8	3	5	2	1	4	6
1	4	2	9	8	6	5	3	7
3	6	4	1	2	7	9	8	5
8	2	7	5	9	3	4	6	1
5	1	9	8	6	4	2	7	3
7	8	1	4	3	5	6	2	9
4	5	6	2	7	9	3	1	8
2	9	3	6	1	8	7	5	4

#167

8	2	4	6	7	9	5	1	3
9	6	5	2	1	3	8	7	4
7	3	1	4	5	8	6	9	2
3	1	9	8	4	2	7	6	5
2	5	8	7	3	6	9	4	1
4	7	6	5	9	1	3	2	8
6	8	7	1	2	5	4	3	9
5	9	2	3	6	4	1	8	7
1	4	3	9	8	7	2	5	6

#165

8	4	5	1	7	3	9	2	6
6	1	7	2	9	8	5	4	3
9	3	2	6	5	4	7	8	1
3	6	4	7	1	2	8	9	5
1	2	8	9	3	5	4	6	7
5	7	9	8	4	6	1	3	2
4	8	6	5	2	1	3	7	9
2	9	1	3	8	7	6	5	4
7	5	3	4	6	9	2	1	8

#168

7	3	8	5	2	4	9	1	6
9	6	1	3	8	7	5	4	2
2	5	4	1	6	9	8	7	3
6	9	5	8	3	1	4	2	7
4	7	3	9	5	2	6	8	1
8	1	2	7	4	6	3	5	9
5	8	6	2	7	3	1	9	4
1	4	7	6	9	5	2	3	8
3	2	9	4	1	8	7	6	5

#169

4	6	1	5	7	9	2	8	3
7	3	2	4	6	8	1	9	5
9	5	8	1	3	2	7	4	6
1	2	4	8	5	7	6	3	9
6	9	3	2	4	1	8	5	7
5	8	7	6	9	3	4	1	2
2	7	5	9	1	4	3	6	8
3	4	9	7	8	6	5	2	1
8	1	6	3	2	5	9	7	4

#170

9	2	5	6	3	1	7	4	8
8	4	1	5	9	7	3	2	6
3	7	6	8	4	2	1	9	5
7	9	4	1	5	6	2	8	3
5	8	2	3	7	4	9	6	1
6	1	3	2	8	9	5	7	4
2	3	9	4	6	5	8	1	7
4	5	7	9	1	8	6	3	2
1	6	8	7	2	3	4	5	9

#171

7	1	3	9	2	5	4	6	8
2	4	6	7	8	1	3	9	5
9	8	5	6	4	3	2	1	7
8	6	7	4	3	2	9	5	1
3	5	4	1	9	6	7	8	2
1	9	2	8	5	7	6	4	3
4	7	1	2	6	8	5	3	9
5	2	9	3	1	4	8	7	6
6	3	8	5	7	9	1	2	4

#172

5	1	4	3	2	6	8	9	7
2	8	7	1	9	5	6	4	3
3	6	9	7	4	8	2	5	1
1	2	8	5	7	3	4	6	9
4	9	3	2	6	1	5	7	8
7	5	6	4	8	9	1	3	2
6	3	1	9	5	2	7	8	4
8	4	2	6	3	7	9	1	5
9	7	5	8	1	4	3	2	6

#173

8	3	7	5	4	9	2	1	6
6	5	2	3	7	1	8	4	9
9	1	4	8	2	6	7	5	3
5	2	3	1	9	7	4	6	8
1	4	9	6	3	8	5	2	7
7	6	8	4	5	2	3	9	1
3	9	1	2	8	5	6	7	4
4	7	5	9	6	3	1	8	2
2	8	6	7	1	4	9	3	5

#174

2	4	5	6	8	3	9	7	1
9	3	8	7	2	1	4	6	5
1	7	6	9	4	5	2	3	8
5	1	9	8	6	7	3	4	2
3	2	7	1	5	4	8	9	6
8	6	4	3	9	2	1	5	7
7	9	3	2	1	6	5	8	4
6	5	1	4	3	8	7	2	9
4	8	2	5	7	9	6	1	3

#175

6	9	5	8	4	2	3	7	1
8	1	3	9	7	5	6	4	2
7	2	4	3	1	6	8	5	9
3	8	6	2	9	7	4	1	5
1	7	9	5	8	4	2	6	3
4	5	2	1	6	3	7	9	8
2	6	1	4	3	9	5	8	7
5	4	8	7	2	1	9	3	6
9	3	7	6	5	8	1	2	4

#176

9	4	5	3	6	2	8	7	1
1	6	8	9	4	7	3	5	2
3	7	2	5	8	1	4	9	6
2	5	9	7	1	4	6	3	8
8	3	7	2	5	6	9	1	4
6	1	4	8	3	9	5	2	7
4	2	3	1	9	8	7	6	5
5	8	1	6	7	3	2	4	9
7	9	6	4	2	5	1	8	3

#177

9	5	1	6	3	7	8	2	4
7	8	4	9	2	1	6	5	3
3	6	2	8	4	5	1	7	9
5	4	8	2	6	3	9	1	7
2	1	7	5	9	4	3	8	6
6	9	3	7	1	8	2	4	5
1	7	5	3	8	9	4	6	2
4	2	9	1	5	6	7	3	8
8	3	6	4	7	2	5	9	1

#178

7	9	3	1	8	5	2	4	6
4	8	6	9	2	3	1	7	5
5	2	1	6	4	7	3	8	9
3	7	2	4	1	9	6	5	8
6	1	5	8	7	2	4	9	3
8	4	9	3	5	6	7	2	1
1	5	7	2	6	8	9	3	4
2	3	4	5	9	1	8	6	7
9	6	8	7	3	4	5	1	2

#179

2	3	7	5	1	6	9	4	8
5	4	9	7	8	2	1	6	3
8	6	1	4	3	9	5	7	2
6	9	2	1	7	5	3	8	4
7	8	5	2	4	3	6	1	9
4	1	3	6	9	8	7	2	5
3	7	4	9	2	1	8	5	6
1	5	8	3	6	4	2	9	7
9	2	6	8	5	7	4	3	1

#180

6	1	9	8	7	3	5	2	4
4	5	3	1	9	2	7	6	8
7	2	8	6	4	5	1	9	3
5	4	1	3	8	9	6	7	2
9	6	7	4	2	1	8	3	5
3	8	2	5	6	7	9	4	1
1	3	4	7	5	6	2	8	9
8	9	6	2	1	4	3	5	7
2	7	5	9	3	8	4	1	6

#181

3	2	8	1	6	7	9	4	5
5	4	1	9	3	8	6	7	2
9	7	6	4	2	5	3	1	8
4	5	3	6	8	9	7	2	1
7	1	9	2	5	3	8	6	4
8	6	2	7	1	4	5	9	3
6	3	7	8	4	1	2	5	9
2	8	4	5	9	6	1	3	7
1	9	5	3	7	2	4	8	6

#182

8	3	5	4	6	2	9	1	7
2	7	9	3	1	5	6	8	4
6	4	1	7	9	8	3	5	2
3	9	8	5	7	4	1	2	6
7	2	6	9	8	1	5	4	3
1	5	4	2	3	6	8	7	9
4	1	3	8	2	9	7	6	5
9	6	2	1	5	7	4	3	8
5	8	7	6	4	3	2	9	1

#183

9	8	2	1	3	7	6	5	4
5	4	7	8	9	6	1	3	2
6	1	3	2	4	5	9	8	7
4	2	9	7	5	1	3	6	8
7	3	1	4	6	8	5	2	9
8	6	5	9	2	3	4	7	1
1	5	4	6	7	2	8	9	3
2	9	6	3	8	4	7	1	5
3	7	8	5	1	9	2	4	6

#184

9	1	4	6	5	7	3	8	2
6	5	8	3	1	2	4	9	7
3	7	2	4	8	9	5	1	6
2	4	9	1	7	3	8	6	5
5	3	6	8	2	4	1	7	9
7	8	1	5	9	6	2	3	4
1	6	5	7	4	8	9	2	3
4	9	3	2	6	1	7	5	8
8	2	7	9	3	5	6	4	1

#185

8	4	5	9	2	6	7	1	3
2	3	9	1	4	7	5	6	8
7	1	6	3	8	5	9	4	2
3	6	4	5	1	9	2	8	7
9	8	1	6	7	2	4	3	5
5	2	7	4	3	8	1	9	6
4	9	2	8	5	3	6	7	1
6	5	8	7	9	1	3	2	4
1	7	3	2	6	4	8	5	9

#186

1	6	2	3	4	9	5	7	8
5	3	9	2	7	8	6	1	4
8	4	7	6	1	5	9	2	3
2	5	1	4	3	7	8	6	9
9	7	3	8	5	6	2	4	1
4	8	6	1	9	2	7	3	5
6	2	4	9	8	1	3	5	7
7	1	8	5	2	3	4	9	6
3	9	5	7	6	4	1	8	2

#187

5	7	6	3	4	1	2	9	8
9	3	4	7	8	2	6	5	1
1	2	8	5	6	9	3	4	7
3	4	7	9	5	8	1	6	2
2	1	9	6	3	7	4	8	5
8	6	5	2	1	4	7	3	9
4	5	2	8	7	6	9	1	3
6	9	3	1	2	5	8	7	4
7	8	1	4	9	3	5	2	6

#188

2	1	6	7	3	4	8	9	5
5	9	7	8	1	2	6	3	4
8	4	3	9	5	6	1	7	2
3	6	5	2	9	8	4	1	7
9	7	8	1	4	5	2	6	3
4	2	1	3	6	7	9	5	8
1	8	2	5	7	9	3	4	6
7	3	4	6	8	1	5	2	9
6	5	9	4	2	3	7	8	1

#189

4	8	3	2	1	7	9	5	6
1	7	6	5	8	9	2	3	4
2	9	5	6	3	4	7	1	8
8	2	9	7	4	1	5	6	3
3	5	1	9	6	8	4	7	2
7	6	4	3	5	2	1	8	9
6	4	2	8	7	5	3	9	1
9	3	7	1	2	6	8	4	5
5	1	8	4	9	3	6	2	7

#190

8	4	5	1	2	3	7	6	9
9	7	3	6	8	4	5	1	2
1	6	2	5	9	7	4	8	3
7	1	6	2	4	8	3	9	5
3	8	4	7	5	9	1	2	6
5	2	9	3	6	1	8	7	4
6	5	8	4	1	2	9	3	7
2	3	1	9	7	5	6	4	8
4	9	7	8	3	6	2	5	1

#191

2	9	5	3	6	8	1	4	7
8	1	3	7	4	5	2	9	6
7	4	6	2	9	1	8	5	3
4	5	8	9	7	3	6	2	1
9	2	7	6	1	4	5	3	8
6	3	1	5	8	2	4	7	9
3	7	2	8	5	6	9	1	4
1	8	9	4	2	7	3	6	5
5	6	4	1	3	9	7	8	2

#192

2	3	4	5	1	9	8	7	6
1	9	8	6	3	7	2	4	5
6	7	5	4	2	8	9	3	1
7	1	6	2	9	4	5	8	3
4	2	3	1	8	5	7	6	9
5	8	9	3	7	6	1	2	4
9	6	1	8	4	2	3	5	7
8	5	7	9	6	3	4	1	2
3	4	2	7	5	1	6	9	8

#193

7	3	2	4	1	8	6	5	9
8	4	5	3	6	9	1	2	7
9	6	1	5	7	2	8	3	4
6	7	3	2	4	1	9	8	5
1	2	8	6	9	5	4	7	3
4	5	9	8	3	7	2	1	6
2	8	6	9	5	3	7	4	1
3	9	7	1	2	4	5	6	8
5	1	4	7	8	6	3	9	2

#194

9	3	7	6	4	5	8	1	2
4	8	5	3	2	1	6	7	9
6	1	2	7	9	8	4	3	5
2	5	9	8	7	3	1	4	6
3	4	6	5	1	2	7	9	8
1	7	8	4	6	9	5	2	3
7	2	4	9	5	6	3	8	1
5	9	3	1	8	4	2	6	7
8	6	1	2	3	7	9	5	4

#195

5	3	4	8	9	6	1	7	2
8	1	9	7	5	2	4	6	3
7	2	6	3	4	1	5	9	8
9	6	5	2	1	8	3	4	7
1	7	2	9	3	4	6	8	5
4	8	3	6	7	5	2	1	9
3	9	1	4	2	7	8	5	6
2	5	8	1	6	9	7	3	4
6	4	7	5	8	3	9	2	1

#196

4	2	8	9	1	7	3	6	5
1	3	7	6	2	5	8	4	9
9	6	5	4	3	8	2	1	7
8	5	9	2	6	1	4	7	3
7	4	6	3	8	9	5	2	1
2	1	3	5	7	4	6	9	8
6	8	2	7	9	3	1	5	4
5	7	1	8	4	2	9	3	6
3	9	4	1	5	6	7	8	2

#197

8	9	6	1	2	4	3	5	7
5	1	4	3	7	6	8	9	2
3	7	2	8	9	5	6	4	1
4	8	9	7	1	3	2	6	5
7	6	1	4	5	2	9	8	3
2	3	5	6	8	9	1	7	4
9	4	7	2	3	8	5	1	6
6	2	8	5	4	1	7	3	9
1	5	3	9	6	7	4	2	8

#198

1	9	8	6	7	3	4	2	5
7	2	6	9	5	4	1	8	3
5	4	3	8	1	2	7	9	6
2	8	5	4	9	7	6	3	1
9	1	7	3	6	5	8	4	2
6	3	4	2	8	1	5	7	9
3	6	9	1	4	8	2	5	7
8	7	2	5	3	6	9	1	4
4	5	1	7	2	9	3	6	8

#199

1	7	6	9	4	5	3	8	2
5	3	4	2	7	8	6	9	1
9	2	8	1	6	3	5	4	7
8	1	3	6	9	2	7	5	4
2	4	9	7	5	1	8	3	6
7	6	5	8	3	4	1	2	9
6	8	2	5	1	9	4	7	3
3	9	7	4	8	6	2	1	5
4	5	1	3	2	7	9	6	8

#200

1	7	9	5	3	8	4	2	6
2	8	4	1	6	9	5	7	3
6	3	5	4	2	7	1	9	8
8	6	3	2	5	4	7	1	9
4	1	7	3	9	6	8	5	2
9	5	2	8	7	1	3	6	4
7	2	1	9	4	3	6	8	5
5	4	6	7	8	2	9	3	1
3	9	8	6	1	5	2	4	7

#201

4	1	7	8	5	3	6	2	9
6	5	8	9	4	2	7	3	1
9	3	2	1	7	6	4	8	5
2	7	9	4	3	8	1	5	6
8	4	1	2	6	5	9	7	3
3	6	5	7	9	1	2	4	8
7	8	3	6	2	9	5	1	4
1	2	6	5	8	4	3	9	7
5	9	4	3	1	7	8	6	2

#202

4	3	9	7	8	6	2	1	5
1	7	5	2	9	4	6	3	8
6	8	2	5	3	1	7	4	9
2	9	4	8	1	3	5	6	7
8	1	3	6	7	5	9	2	4
7	5	6	4	2	9	3	8	1
3	6	7	1	5	8	4	9	2
9	2	8	3	4	7	1	5	6
5	4	1	9	6	2	8	7	3

#203

5	2	8	9	1	6	7	4	3
7	9	6	2	3	4	5	1	8
4	3	1	5	7	8	2	9	6
9	8	5	1	4	7	3	6	2
6	7	3	8	2	9	4	5	1
1	4	2	3	6	5	8	7	9
2	6	7	4	9	3	1	8	5
3	5	4	6	8	1	9	2	7
8	1	9	7	5	2	6	3	4

#204

2	8	1	4	7	3	6	5	9
9	6	4	8	1	5	2	3	7
5	7	3	2	9	6	8	1	4
8	1	2	9	3	4	5	7	6
6	4	7	5	2	8	1	9	3
3	9	5	7	6	1	4	2	8
7	2	8	6	5	9	3	4	1
1	5	6	3	4	7	9	8	2
4	3	9	1	8	2	7	6	5

#205

7	6	8	2	3	5	9	4	1
1	4	9	8	6	7	2	3	5
2	3	5	4	9	1	8	6	7
8	5	7	1	4	3	6	2	9
4	1	6	7	2	9	5	8	3
9	2	3	6	5	8	7	1	4
5	7	1	3	8	2	4	9	6
6	9	2	5	1	4	3	7	8
3	8	4	9	7	6	1	5	2

#206

5	3	7	1	8	4	6	2	9
9	1	6	2	7	5	8	4	3
4	2	8	3	6	9	5	1	7
7	5	9	8	3	1	2	6	4
1	6	2	9	4	7	3	5	8
8	4	3	6	5	2	9	7	1
3	8	1	4	2	6	7	9	5
6	7	4	5	9	8	1	3	2
2	9	5	7	1	3	4	8	6

#207

2	8	9	5	1	6	7	4	3
7	3	1	8	4	2	5	9	6
5	6	4	9	3	7	8	1	2
6	7	5	1	2	4	3	8	9
4	2	8	6	9	3	1	5	7
9	1	3	7	8	5	2	6	4
8	4	2	3	5	9	6	7	1
3	5	6	4	7	1	9	2	8
1	9	7	2	6	8	4	3	5

#208

8	6	5	7	4	2	1	3	9
7	9	4	3	6	1	5	2	8
2	1	3	9	5	8	7	4	6
4	2	9	5	7	6	8	1	3
5	3	7	1	8	9	2	6	4
1	8	6	4	2	3	9	5	7
6	7	2	8	3	5	4	9	1
9	5	8	6	1	4	3	7	2
3	4	1	2	9	7	6	8	5

#209

6	3	8	5	9	7	1	2	4
7	2	9	6	4	1	5	8	3
1	5	4	2	8	3	9	6	7
3	9	6	4	5	2	8	7	1
5	7	1	3	6	8	4	9	2
8	4	2	1	7	9	3	5	6
4	6	3	8	2	5	7	1	9
9	1	5	7	3	6	2	4	8
2	8	7	9	1	4	6	3	5

#210

7	8	2	6	4	1	3	5	9
5	1	3	9	7	8	6	2	4
9	4	6	2	3	5	7	1	8
8	3	7	5	1	6	9	4	2
2	6	1	4	8	9	5	7	3
4	9	5	7	2	3	1	8	6
6	7	9	8	5	4	2	3	1
1	2	4	3	6	7	8	9	5
3	5	8	1	9	2	4	6	7

#211

2	9	8	7	3	5	1	4	6
6	7	4	9	2	1	3	5	8
3	1	5	8	4	6	2	7	9
7	4	1	5	6	2	9	8	3
9	6	3	4	1	8	5	2	7
5	8	2	3	7	9	6	1	4
4	3	9	2	5	7	8	6	1
8	5	6	1	9	4	7	3	2
1	2	7	6	8	3	4	9	5

#212

5	7	8	1	3	9	6	2	4
2	4	1	5	7	6	9	3	8
6	3	9	4	8	2	1	7	5
9	5	4	3	6	8	2	1	7
3	8	6	2	1	7	5	4	9
1	2	7	9	4	5	8	6	3
4	6	2	8	9	3	7	5	1
7	9	3	6	5	1	4	8	2
8	1	5	7	2	4	3	9	6

#213

1	2	5	3	4	7	9	8	6
6	3	9	2	1	8	7	5	4
8	4	7	9	6	5	2	3	1
9	6	8	1	3	4	5	2	7
3	7	2	8	5	6	1	4	9
4	5	1	7	9	2	8	6	3
7	1	6	5	2	3	4	9	8
2	9	3	4	8	1	6	7	5
5	8	4	6	7	9	3	1	2

#214

2	5	9	7	3	4	6	1	8
8	1	6	9	5	2	4	3	7
3	7	4	8	1	6	5	2	9
1	4	5	2	8	7	9	6	3
9	8	3	5	6	1	7	4	2
6	2	7	4	9	3	8	5	1
4	3	8	1	7	5	2	9	6
5	9	1	6	2	8	3	7	4
7	6	2	3	4	9	1	8	5

#215

2	9	4	8	5	6	3	7	1
7	8	6	9	3	1	5	4	2
1	3	5	2	7	4	9	8	6
3	2	7	5	6	9	4	1	8
8	6	1	7	4	3	2	9	5
5	4	9	1	2	8	7	6	3
6	7	2	4	8	5	1	3	9
4	1	3	6	9	2	8	5	7
9	5	8	3	1	7	6	2	4

#216

1	9	6	2	7	8	5	4	3
3	4	2	5	9	6	8	7	1
7	8	5	3	1	4	6	9	2
2	3	7	4	8	1	9	6	5
6	5	4	9	3	7	2	1	8
9	1	8	6	5	2	4	3	7
5	2	9	7	6	3	1	8	4
8	6	3	1	4	5	7	2	9
4	7	1	8	2	9	3	5	6

#217

4	2	1	8	5	6	7	3	9
8	9	5	4	3	7	6	2	1
3	6	7	9	1	2	5	8	4
6	4	2	1	8	3	9	7	5
7	3	9	2	4	5	1	6	8
1	5	8	6	7	9	3	4	2
5	7	4	3	9	8	2	1	6
9	8	6	7	2	1	4	5	3
2	1	3	5	6	4	8	9	7

#218

5	2	8	3	9	6	4	7	1
9	3	1	7	4	8	6	2	5
6	7	4	1	2	5	3	9	8
4	8	9	2	3	1	7	5	6
2	1	6	8	5	7	9	4	3
7	5	3	9	6	4	1	8	2
8	9	7	6	1	2	5	3	4
3	6	5	4	8	9	2	1	7
1	4	2	5	7	3	8	6	9

#219

7	9	2	3	8	4	6	5	1
3	6	5	9	1	2	7	8	4
8	4	1	7	6	5	3	9	2
2	7	3	8	9	1	5	4	6
4	8	6	5	2	3	9	1	7
1	5	9	6	4	7	8	2	3
6	1	7	2	5	9	4	3	8
9	3	4	1	7	8	2	6	5
5	2	8	4	3	6	1	7	9

#220

3	4	5	1	6	2	9	7	8
6	7	8	3	4	9	1	2	5
1	2	9	8	7	5	3	6	4
5	6	2	4	8	1	7	9	3
9	8	3	7	2	6	5	4	1
4	1	7	5	9	3	6	8	2
7	3	4	6	5	8	2	1	9
8	9	1	2	3	7	4	5	6
2	5	6	9	1	4	8	3	7

#221

9	4	3	7	5	6	8	1	2
7	2	5	9	8	1	4	3	6
6	8	1	4	3	2	9	5	7
5	3	4	2	1	8	6	7	9
8	9	6	3	7	4	5	2	1
2	1	7	5	6	9	3	8	4
1	7	8	6	4	5	2	9	3
3	6	2	8	9	7	1	4	5
4	5	9	1	2	3	7	6	8

#222

2	9	3	1	4	5	8	6	7
7	1	8	3	2	6	4	5	9
6	5	4	7	8	9	1	3	2
1	8	9	6	3	7	2	4	5
4	2	6	8	5	1	7	9	3
3	7	5	2	9	4	6	8	1
5	3	2	4	7	8	9	1	6
8	6	7	9	1	3	5	2	4
9	4	1	5	6	2	3	7	8

#223

5	4	2	7	8	3	1	6	9
7	9	6	1	4	2	3	8	5
3	1	8	6	5	9	4	2	7
2	5	1	9	7	4	8	3	6
4	6	7	3	2	8	9	5	1
9	8	3	5	1	6	7	4	2
1	3	9	8	6	5	2	7	4
6	7	4	2	3	1	5	9	8
8	2	5	4	9	7	6	1	3

#226

9	3	5	8	1	6	2	4	7
4	6	8	3	2	7	1	9	5
1	7	2	4	9	5	6	8	3
2	9	3	5	7	1	4	6	8
6	8	7	9	3	4	5	2	1
5	4	1	6	8	2	3	7	9
3	1	9	2	4	8	7	5	6
8	2	6	7	5	3	9	1	4
7	5	4	1	6	9	8	3	2

#224

7	3	4	6	8	1	2	9	5
5	9	1	3	4	2	6	8	7
8	6	2	7	5	9	4	1	3
4	1	7	8	6	5	3	2	9
2	8	9	1	3	7	5	6	4
3	5	6	9	2	4	1	7	8
1	7	3	5	9	6	8	4	2
9	2	5	4	1	8	7	3	6
6	4	8	2	7	3	9	5	1

#227

6	4	7	8	3	2	1	5	9
5	9	3	1	7	6	2	4	8
2	8	1	4	5	9	6	3	7
7	6	8	9	4	5	3	1	2
3	2	4	6	1	7	9	8	5
1	5	9	2	8	3	7	6	4
4	1	2	3	9	8	5	7	6
9	3	5	7	6	4	8	2	1
8	7	6	5	2	1	4	9	3

#225

7	1	2	3	6	9	4	5	8
8	4	9	2	5	7	6	3	1
6	5	3	8	4	1	9	7	2
2	3	7	1	9	8	5	6	4
1	9	4	5	7	6	8	2	3
5	6	8	4	2	3	7	1	9
4	8	1	7	3	5	2	9	6
3	7	6	9	8	2	1	4	5
9	2	5	6	1	4	3	8	7

#228

2	5	3	1	6	9	4	7	8
7	4	8	5	3	2	1	6	9
6	1	9	7	8	4	3	5	2
3	8	2	6	7	1	5	9	4
4	9	1	8	2	5	6	3	7
5	6	7	9	4	3	2	8	1
1	3	6	4	9	8	7	2	5
9	2	5	3	1	7	8	4	6
8	7	4	2	5	6	9	1	3

#229

4	2	6	7	1	8	9	3	5
8	7	9	5	6	3	4	1	2
5	3	1	9	2	4	7	8	6
2	6	7	3	9	1	5	4	8
3	8	5	6	4	2	1	9	7
9	1	4	8	7	5	2	6	3
1	4	8	2	3	7	6	5	9
6	5	2	1	8	9	3	7	4
7	9	3	4	5	6	8	2	1

#230

6	1	4	9	3	2	5	7	8
5	9	7	8	6	1	3	4	2
2	3	8	7	5	4	9	6	1
8	7	1	4	9	5	6	2	3
4	6	3	2	8	7	1	5	9
9	2	5	3	1	6	7	8	4
1	4	9	6	7	8	2	3	5
7	5	2	1	4	3	8	9	6
3	8	6	5	2	9	4	1	7

#231

9	5	2	4	1	7	8	6	3
4	6	7	2	3	8	5	9	1
8	3	1	6	9	5	7	4	2
7	9	4	8	5	3	1	2	6
1	8	6	9	4	2	3	5	7
3	2	5	7	6	1	4	8	9
5	7	8	1	2	9	6	3	4
6	1	9	3	8	4	2	7	5
2	4	3	5	7	6	9	1	8

#232

8	4	7	2	1	6	3	9	5
5	3	9	7	4	8	2	6	1
2	1	6	3	5	9	7	8	4
7	5	3	4	9	2	8	1	6
6	2	1	5	8	3	4	7	9
4	9	8	6	7	1	5	3	2
9	7	4	8	6	5	1	2	3
3	6	5	1	2	7	9	4	8
1	8	2	9	3	4	6	5	7

#233

2	9	6	8	4	5	1	3	7
3	4	5	7	6	1	8	2	9
8	1	7	3	2	9	4	6	5
7	2	8	4	3	6	5	9	1
1	6	4	9	5	8	3	7	2
9	5	3	1	7	2	6	4	8
6	8	2	5	9	4	7	1	3
5	3	9	6	1	7	2	8	4
4	7	1	2	8	3	9	5	6

#234

2	8	9	5	7	4	6	1	3
3	6	1	9	8	2	5	7	4
4	7	5	3	1	6	8	9	2
8	9	3	7	5	1	4	2	6
5	4	7	2	6	9	3	8	1
6	1	2	4	3	8	9	5	7
7	3	8	1	4	5	2	6	9
9	5	4	6	2	7	1	3	8
1	2	6	8	9	3	7	4	5

#235

6	9	3	7	1	5	8	4	2
7	1	5	8	2	4	9	3	6
8	2	4	6	9	3	1	7	5
3	4	7	2	5	9	6	8	1
9	6	1	3	4	8	5	2	7
5	8	2	1	7	6	4	9	3
1	7	8	9	6	2	3	5	4
2	5	9	4	3	1	7	6	8
4	3	6	5	8	7	2	1	9

#236

7	6	8	2	1	3	9	5	4
2	3	9	5	4	8	6	1	7
4	1	5	7	6	9	3	8	2
1	9	4	6	7	2	5	3	8
3	2	7	9	8	5	4	6	1
8	5	6	1	3	4	2	7	9
5	8	3	4	2	7	1	9	6
6	7	2	3	9	1	8	4	5
9	4	1	8	5	6	7	2	3

#237

3	9	8	6	4	7	5	2	1
1	7	4	5	9	2	6	8	3
2	5	6	8	1	3	7	4	9
6	2	9	1	8	4	3	5	7
8	3	5	9	7	6	2	1	4
4	1	7	3	2	5	9	6	8
9	8	2	7	6	1	4	3	5
5	6	1	4	3	9	8	7	2
7	4	3	2	5	8	1	9	6

#238

4	8	9	5	6	2	7	1	3
6	5	3	7	8	1	4	9	2
2	7	1	3	9	4	6	5	8
9	6	5	8	1	7	2	3	4
3	1	7	4	2	9	5	8	6
8	4	2	6	3	5	1	7	9
7	3	4	9	5	6	8	2	1
1	9	6	2	7	8	3	4	5
5	2	8	1	4	3	9	6	7

#239

9	6	2	8	3	4	1	5	7
1	5	3	9	2	7	4	8	6
4	8	7	5	1	6	2	3	9
2	4	9	1	6	8	5	7	3
6	7	5	2	4	3	8	9	1
3	1	8	7	9	5	6	2	4
8	3	1	6	5	9	7	4	2
7	2	4	3	8	1	9	6	5
5	9	6	4	7	2	3	1	8

#240

6	2	7	8	3	1	5	9	4
1	4	5	7	9	6	3	8	2
3	9	8	5	4	2	6	1	7
5	3	6	2	7	9	1	4	8
7	1	2	3	8	4	9	5	6
4	8	9	6	1	5	7	2	3
9	6	1	4	2	7	8	3	5
8	5	4	1	6	3	2	7	9
2	7	3	9	5	8	4	6	1

#241

2	6	1	8	5	4	7	9	3
7	3	5	1	9	2	4	6	8
9	8	4	3	6	7	5	1	2
5	7	8	9	2	3	6	4	1
3	1	6	4	7	8	9	2	5
4	2	9	5	1	6	8	3	7
8	9	7	2	4	1	3	5	6
6	4	2	7	3	5	1	8	9
1	5	3	6	8	9	2	7	4

#242

9	1	3	5	2	6	4	8	7
4	8	6	1	3	7	2	9	5
5	7	2	4	9	8	6	1	3
7	3	9	6	4	5	8	2	1
6	5	8	7	1	2	3	4	9
2	4	1	3	8	9	7	5	6
1	6	4	8	5	3	9	7	2
3	2	5	9	7	4	1	6	8
8	9	7	2	6	1	5	3	4

#243

5	1	4	7	3	6	9	2	8
6	7	8	2	4	9	1	5	3
2	3	9	1	5	8	6	7	4
8	4	6	9	7	1	5	3	2
1	9	3	4	2	5	7	8	6
7	5	2	8	6	3	4	9	1
9	8	5	3	1	4	2	6	7
4	6	7	5	8	2	3	1	9
3	2	1	6	9	7	8	4	5

#244

9	8	5	7	3	6	1	2	4
4	6	1	2	5	9	3	8	7
2	7	3	8	4	1	9	5	6
8	5	6	9	1	4	2	7	3
7	9	2	6	8	3	4	1	5
3	1	4	5	2	7	8	6	9
6	2	8	3	9	5	7	4	1
5	4	9	1	7	2	6	3	8
1	3	7	4	6	8	5	9	2

#245

5	3	2	7	1	9	4	8	6
6	7	8	2	3	4	9	1	5
9	4	1	5	8	6	7	3	2
8	9	5	3	7	1	2	6	4
1	2	4	8	6	5	3	9	7
3	6	7	4	9	2	1	5	8
4	1	9	6	5	7	8	2	3
7	8	6	9	2	3	5	4	1
2	5	3	1	4	8	6	7	9

#246

5	9	4	7	6	1	2	8	3
3	1	2	4	5	8	7	6	9
7	6	8	3	2	9	5	4	1
6	4	5	2	9	7	3	1	8
8	7	3	6	1	4	9	5	2
9	2	1	5	8	3	6	7	4
2	5	9	1	4	6	8	3	7
1	8	7	9	3	5	4	2	6
4	3	6	8	7	2	1	9	5

#247

9	8	6	2	1	3	4	7	5
7	2	4	6	8	5	1	9	3
1	5	3	9	4	7	6	2	8
6	9	8	4	7	2	3	5	1
3	1	7	5	6	8	2	4	9
5	4	2	1	3	9	8	6	7
4	7	1	8	5	6	9	3	2
2	6	5	3	9	1	7	8	4
8	3	9	7	2	4	5	1	6

#248

8	1	9	7	3	6	2	4	5
4	6	2	1	5	8	9	7	3
7	5	3	4	9	2	1	6	8
6	9	8	2	4	5	3	1	7
2	7	1	6	8	3	4	5	9
3	4	5	9	1	7	6	8	2
1	8	4	5	2	9	7	3	6
9	3	6	8	7	4	5	2	1
5	2	7	3	6	1	8	9	4

#249

8	4	7	3	9	2	6	5	1
6	2	5	7	8	1	9	4	3
1	3	9	5	4	6	8	7	2
4	1	8	2	3	9	7	6	5
5	7	6	4	1	8	3	2	9
2	9	3	6	5	7	4	1	8
7	8	4	1	2	3	5	9	6
9	5	1	8	6	4	2	3	7
3	6	2	9	7	5	1	8	4

#250

1	5	2	4	3	6	8	9	7
8	7	3	1	9	5	4	2	6
6	9	4	7	2	8	5	3	1
5	4	8	3	6	9	1	7	2
3	6	7	8	1	2	9	5	4
2	1	9	5	4	7	3	6	8
4	2	5	6	8	3	7	1	9
7	8	6	9	5	1	2	4	3
9	3	1	2	7	4	6	8	5

#251

2	7	8	3	9	6	1	5	4
6	4	1	5	2	7	9	3	8
3	9	5	1	4	8	2	7	6
5	2	6	9	8	4	7	1	3
8	1	7	2	5	3	4	6	9
4	3	9	6	7	1	5	8	2
9	6	4	8	1	5	3	2	7
7	5	3	4	6	2	8	9	1
1	8	2	7	3	9	6	4	5

#252

5	8	3	7	1	2	6	4	9
6	2	4	8	9	3	5	7	1
7	1	9	4	6	5	3	2	8
4	6	2	3	8	9	7	1	5
1	7	5	6	2	4	9	8	3
9	3	8	1	5	7	2	6	4
8	9	1	5	7	6	4	3	2
2	4	7	9	3	1	8	5	6
3	5	6	2	4	8	1	9	7

#253

1	4	6	9	2	5	8	7	3
2	5	8	6	3	7	1	9	4
3	7	9	8	4	1	5	6	2
5	3	2	7	8	4	6	1	9
8	6	4	5	1	9	2	3	7
9	1	7	3	6	2	4	5	8
7	2	3	4	5	6	9	8	1
4	9	5	1	7	8	3	2	6
6	8	1	2	9	3	7	4	5

#254

9	5	1	2	6	3	8	4	7
6	8	4	1	5	7	3	2	9
2	7	3	4	9	8	1	5	6
4	2	8	7	1	6	5	9	3
5	1	9	3	8	4	7	6	2
3	6	7	5	2	9	4	1	8
1	3	5	9	7	2	6	8	4
7	9	6	8	4	5	2	3	1
8	4	2	6	3	1	9	7	5

#255

4	1	5	3	6	7	2	9	8
9	7	6	5	8	2	4	3	1
3	2	8	9	1	4	5	6	7
8	6	1	7	9	5	3	4	2
7	5	3	2	4	8	9	1	6
2	9	4	1	3	6	8	7	5
5	4	9	6	2	1	7	8	3
1	3	2	8	7	9	6	5	4
6	8	7	4	5	3	1	2	9

#256

7	4	3	1	2	5	8	9	6
2	1	6	9	8	7	5	4	3
5	8	9	4	6	3	1	7	2
1	2	4	5	3	9	7	6	8
9	3	8	7	4	6	2	1	5
6	5	7	8	1	2	9	3	4
8	7	2	6	9	4	3	5	1
3	6	5	2	7	1	4	8	9
4	9	1	3	5	8	6	2	7

#257

6	1	3	4	8	7	9	5	2
2	5	9	3	1	6	7	8	4
7	4	8	2	5	9	6	1	3
4	3	7	1	6	5	8	2	9
9	2	6	7	4	8	5	3	1
1	8	5	9	2	3	4	6	7
5	7	1	8	9	2	3	4	6
3	6	2	5	7	4	1	9	8
8	9	4	6	3	1	2	7	5

#258

4	1	7	2	3	9	5	8	6
9	5	8	4	6	7	1	3	2
3	2	6	5	8	1	9	4	7
5	9	2	3	1	4	7	6	8
1	6	3	8	7	2	4	9	5
8	7	4	9	5	6	2	1	3
7	8	1	6	9	5	3	2	4
2	3	5	1	4	8	6	7	9
6	4	9	7	2	3	8	5	1

#259

8	7	3	9	2	5	6	4	1
6	5	9	4	7	1	3	8	2
1	4	2	6	3	8	5	9	7
5	8	1	3	4	2	9	7	6
2	3	7	1	9	6	4	5	8
9	6	4	8	5	7	2	1	3
7	1	5	2	6	4	8	3	9
3	2	8	5	1	9	7	6	4
4	9	6	7	8	3	1	2	5

#260

3	9	8	7	6	2	5	4	1
4	6	2	1	8	5	3	9	7
7	1	5	3	4	9	2	8	6
6	7	1	2	9	8	4	3	5
9	8	4	5	1	3	6	7	2
2	5	3	4	7	6	8	1	9
1	4	6	8	5	7	9	2	3
5	2	7	9	3	4	1	6	8
8	3	9	6	2	1	7	5	4

#261

1	5	9	3	8	2	6	7	4
4	7	6	1	9	5	8	2	3
3	8	2	7	4	6	1	9	5
7	4	8	6	3	9	2	5	1
6	3	5	8	2	1	7	4	9
2	9	1	4	5	7	3	8	6
5	1	4	2	6	8	9	3	7
9	2	7	5	1	3	4	6	8
8	6	3	9	7	4	5	1	2

#262

5	3	7	9	8	6	2	1	4
1	4	9	3	5	2	8	6	7
8	2	6	7	1	4	9	5	3
4	7	5	8	3	9	6	2	1
6	9	3	5	2	1	7	4	8
2	8	1	4	6	7	5	3	9
3	5	4	2	9	8	1	7	6
7	1	8	6	4	5	3	9	2
9	6	2	1	7	3	4	8	5

#263

6	2	4	8	1	5	9	7	3
1	5	3	7	9	4	8	2	6
7	8	9	6	3	2	1	5	4
8	1	5	3	4	6	2	9	7
4	9	6	1	2	7	3	8	5
2	3	7	9	5	8	4	6	1
3	7	1	5	8	9	6	4	2
5	4	8	2	6	1	7	3	9
9	6	2	4	7	3	5	1	8

#264

6	9	4	5	1	3	7	2	8
7	5	3	4	8	2	1	6	9
8	1	2	7	9	6	5	3	4
4	8	5	3	7	1	2	9	6
1	6	7	8	2	9	4	5	3
2	3	9	6	4	5	8	1	7
9	4	6	1	5	7	3	8	2
5	2	8	9	3	4	6	7	1
3	7	1	2	6	8	9	4	5

#265

9	4	5	1	7	8	3	6	2
6	8	1	3	4	2	9	5	7
3	7	2	9	6	5	8	4	1
7	6	3	2	5	4	1	9	8
4	5	9	7	8	1	2	3	6
1	2	8	6	9	3	5	7	4
5	1	7	4	2	9	6	8	3
2	9	6	8	3	7	4	1	5
8	3	4	5	1	6	7	2	9

#266

5	2	1	9	6	3	8	4	7
9	6	4	5	8	7	3	2	1
7	3	8	1	2	4	9	5	6
1	4	7	2	3	6	5	8	9
2	9	3	8	5	1	7	6	4
6	8	5	4	7	9	1	3	2
3	1	6	7	4	5	2	9	8
4	7	2	3	9	8	6	1	5
8	5	9	6	1	2	4	7	3

#267

6	2	9	3	4	5	1	7	8
4	1	5	7	9	8	6	2	3
3	7	8	2	1	6	4	5	9
9	8	6	1	7	4	5	3	2
5	4	2	8	3	9	7	1	6
7	3	1	5	6	2	8	9	4
1	5	4	9	8	3	2	6	7
8	9	7	6	2	1	3	4	5
2	6	3	4	5	7	9	8	1

#268

5	4	8	7	2	3	1	6	9
9	6	1	4	5	8	7	2	3
2	3	7	9	6	1	4	5	8
7	1	9	5	3	6	2	8	4
3	8	5	1	4	2	6	9	7
6	2	4	8	9	7	3	1	5
8	5	3	2	1	4	9	7	6
4	7	2	6	8	9	5	3	1
1	9	6	3	7	5	8	4	2

#269

9	3	8	7	5	1	6	2	4
2	6	5	9	3	4	1	8	7
4	7	1	8	2	6	9	3	5
3	2	6	5	8	7	4	1	9
8	5	4	3	1	9	2	7	6
7	1	9	6	4	2	3	5	8
5	4	3	1	9	8	7	6	2
1	9	7	2	6	5	8	4	3
6	8	2	4	7	3	5	9	1

#270

2	5	3	9	6	1	8	7	4
9	4	8	3	7	5	6	1	2
6	7	1	2	8	4	9	5	3
3	1	4	7	5	8	2	9	6
5	6	9	1	4	2	3	8	7
7	8	2	6	3	9	5	4	1
4	2	6	8	9	7	1	3	5
8	3	5	4	1	6	7	2	9
1	9	7	5	2	3	4	6	8

#271

2	9	6	3	1	4	8	7	5
1	5	4	7	8	9	3	2	6
8	3	7	5	2	6	1	4	9
5	2	9	4	7	3	6	1	8
7	6	1	2	9	8	4	5	3
3	4	8	1	6	5	2	9	7
9	1	2	6	3	7	5	8	4
4	8	3	9	5	2	7	6	1
6	7	5	8	4	1	9	3	2

#272

3	2	9	5	6	7	8	1	4
8	7	4	3	2	1	5	9	6
1	5	6	8	9	4	7	2	3
6	4	2	7	5	9	3	8	1
9	8	3	1	4	2	6	5	7
5	1	7	6	8	3	9	4	2
4	6	5	2	3	8	1	7	9
7	9	8	4	1	6	2	3	5
2	3	1	9	7	5	4	6	8

#273

9	6	4	7	2	5	1	8	3
8	3	7	9	1	6	4	2	5
5	1	2	3	8	4	7	6	9
4	8	1	6	9	2	5	3	7
3	2	6	4	5	7	9	1	8
7	5	9	1	3	8	2	4	6
6	4	3	2	7	9	8	5	1
2	9	5	8	6	1	3	7	4
1	7	8	5	4	3	6	9	2

#274

8	6	3	7	5	4	1	9	2
2	5	7	9	1	8	3	4	6
1	4	9	2	6	3	5	7	8
4	3	8	5	7	9	2	6	1
7	1	6	3	4	2	9	8	5
9	2	5	1	8	6	4	3	7
5	9	1	8	3	7	6	2	4
6	7	2	4	9	1	8	5	3
3	8	4	6	2	5	7	1	9

#275

2	6	7	1	8	4	5	3	9
1	8	3	5	9	7	2	6	4
5	9	4	2	6	3	1	8	7
3	5	8	4	1	2	9	7	6
9	2	1	8	7	6	3	4	5
7	4	6	3	5	9	8	2	1
4	3	5	7	2	1	6	9	8
6	1	2	9	4	8	7	5	3
8	7	9	6	3	5	4	1	2

#276

3	7	2	5	9	4	1	6	8
1	4	5	8	2	6	3	9	7
8	9	6	3	7	1	5	2	4
6	5	9	1	4	2	8	7	3
4	8	3	7	6	5	2	1	9
7	2	1	9	8	3	6	4	5
9	3	7	6	1	8	4	5	2
2	1	8	4	5	7	9	3	6
5	6	4	2	3	9	7	8	1

#277

7	4	1	9	3	6	5	8	2
5	9	2	7	1	8	3	6	4
6	8	3	4	2	5	7	1	9
9	1	7	8	5	4	6	2	3
4	6	8	3	9	2	1	5	7
3	2	5	1	6	7	9	4	8
8	3	4	5	7	1	2	9	6
2	5	9	6	4	3	8	7	1
1	7	6	2	8	9	4	3	5

#278

5	3	9	2	6	4	7	8	1
2	7	6	9	8	1	4	3	5
4	8	1	5	7	3	6	2	9
8	6	4	3	2	5	9	1	7
3	2	7	6	1	9	5	4	8
1	9	5	8	4	7	3	6	2
6	5	2	7	3	8	1	9	4
7	1	8	4	9	6	2	5	3
9	4	3	1	5	2	8	7	6

#279

7	1	3	2	4	8	5	9	6
5	4	9	7	1	6	8	3	2
8	6	2	9	3	5	4	1	7
6	2	7	4	8	1	9	5	3
9	3	1	5	7	2	6	4	8
4	8	5	3	6	9	7	2	1
1	5	6	8	2	4	3	7	9
2	7	4	6	9	3	1	8	5
3	9	8	1	5	7	2	6	4

#280

1	3	8	4	5	6	2	9	7
4	7	6	8	9	2	5	3	1
9	2	5	1	3	7	8	4	6
6	9	7	3	1	5	4	8	2
8	4	2	6	7	9	3	1	5
5	1	3	2	4	8	6	7	9
3	6	1	9	2	4	7	5	8
7	8	4	5	6	1	9	2	3
2	5	9	7	8	3	1	6	4

#281

4	8	1	9	3	2	7	5	6
6	9	7	5	4	1	8	2	3
3	2	5	8	7	6	9	1	4
8	7	3	6	9	5	2	4	1
9	6	2	1	8	4	5	3	7
1	5	4	7	2	3	6	8	9
5	4	6	2	1	9	3	7	8
7	3	9	4	5	8	1	6	2
2	1	8	3	6	7	4	9	5

#282

3	5	1	6	7	9	8	4	2
6	8	2	3	5	4	9	7	1
7	9	4	8	2	1	6	3	5
4	1	9	2	8	5	7	6	3
5	7	3	1	4	6	2	9	8
8	2	6	9	3	7	5	1	4
2	3	7	4	6	8	1	5	9
9	4	5	7	1	2	3	8	6
1	6	8	5	9	3	4	2	7

#283

9	1	7	3	6	5	4	2	8
6	3	8	7	4	2	9	1	5
5	4	2	8	9	1	3	6	7
8	5	4	6	3	7	1	9	2
1	6	9	5	2	4	8	7	3
7	2	3	9	1	8	6	5	4
4	7	1	2	8	6	5	3	9
2	9	6	4	5	3	7	8	1
3	8	5	1	7	9	2	4	6

#284

4	6	3	2	8	7	1	5	9
7	1	9	4	3	5	8	2	6
8	2	5	1	6	9	4	7	3
5	9	2	3	1	4	6	8	7
1	3	8	6	7	2	9	4	5
6	4	7	9	5	8	3	1	2
3	5	4	7	9	1	2	6	8
9	7	1	8	2	6	5	3	4
2	8	6	5	4	3	7	9	1

#285

5	4	6	1	8	7	3	9	2
2	9	1	4	6	3	8	5	7
8	3	7	5	2	9	6	1	4
1	5	2	9	7	6	4	8	3
3	6	8	2	1	4	5	7	9
4	7	9	8	3	5	2	6	1
9	1	5	3	4	8	7	2	6
6	8	3	7	9	2	1	4	5
7	2	4	6	5	1	9	3	8

#286

5	7	1	6	4	3	9	2	8
6	3	9	2	7	8	5	1	4
8	2	4	9	1	5	6	3	7
9	5	8	4	2	1	3	7	6
7	6	2	8	3	9	4	5	1
1	4	3	7	5	6	2	8	9
2	9	5	1	8	4	7	6	3
4	1	7	3	6	2	8	9	5
3	8	6	5	9	7	1	4	2

#287

3	1	9	6	8	7	5	4	2
7	4	2	5	3	1	9	6	8
5	8	6	9	2	4	3	7	1
8	5	1	2	9	6	7	3	4
6	3	4	7	5	8	2	1	9
9	2	7	1	4	3	6	8	5
4	9	8	3	6	2	1	5	7
1	6	5	8	7	9	4	2	3
2	7	3	4	1	5	8	9	6

#288

5	7	6	2	8	4	9	1	3
9	8	1	3	5	7	2	4	6
4	3	2	1	9	6	5	7	8
3	4	8	6	7	5	1	2	9
2	9	5	8	3	1	7	6	4
1	6	7	4	2	9	8	3	5
6	1	9	7	4	8	3	5	2
7	5	3	9	6	2	4	8	1
8	2	4	5	1	3	6	9	7

#289

3	4	8	2	9	1	6	7	5
5	7	9	6	3	8	1	4	2
1	2	6	4	5	7	8	3	9
8	9	5	1	7	4	3	2	6
6	3	2	9	8	5	7	1	4
4	1	7	3	2	6	5	9	8
9	6	4	5	1	3	2	8	7
2	8	3	7	6	9	4	5	1
7	5	1	8	4	2	9	6	3

#290

1	8	9	6	4	5	7	3	2
2	6	4	8	3	7	5	9	1
7	3	5	2	1	9	8	6	4
3	4	8	5	6	2	9	1	7
6	5	2	7	9	1	4	8	3
9	7	1	4	8	3	6	2	5
4	1	6	3	7	8	2	5	9
8	2	3	9	5	4	1	7	6
5	9	7	1	2	6	3	4	8

#291

3	6	7	5	2	9	4	1	8
9	5	1	3	8	4	2	6	7
4	8	2	6	7	1	5	9	3
7	1	9	2	5	6	8	3	4
2	4	8	7	9	3	1	5	6
6	3	5	4	1	8	9	7	2
1	7	3	9	4	2	6	8	5
5	9	4	8	6	7	3	2	1
8	2	6	1	3	5	7	4	9

#292

6	3	2	7	5	1	9	8	4
8	4	1	2	3	9	5	6	7
9	7	5	6	4	8	3	1	2
2	9	4	1	8	3	7	5	6
7	6	8	4	2	5	1	9	3
5	1	3	9	7	6	4	2	8
1	2	7	5	6	4	8	3	9
4	8	9	3	1	2	6	7	5
3	5	6	8	9	7	2	4	1

#293

2	6	9	4	1	7	5	3	8
5	7	8	6	3	9	2	4	1
1	4	3	5	2	8	9	7	6
6	2	7	8	5	3	1	9	4
9	5	1	7	4	2	8	6	3
8	3	4	9	6	1	7	2	5
7	8	5	3	9	6	4	1	2
3	9	2	1	8	4	6	5	7
4	1	6	2	7	5	3	8	9

#294

7	4	5	1	2	9	6	3	8
3	9	8	6	4	7	2	1	5
1	2	6	5	3	8	9	4	7
9	7	2	8	6	3	1	5	4
5	6	4	9	7	1	8	2	3
8	3	1	2	5	4	7	6	9
6	1	3	7	8	5	4	9	2
4	8	9	3	1	2	5	7	6
2	5	7	4	9	6	3	8	1

#295

6	9	1	7	4	5	3	8	2
5	3	4	2	9	8	6	1	7
7	2	8	3	6	1	9	4	5
1	5	2	8	7	6	4	3	9
3	7	6	9	1	4	5	2	8
4	8	9	5	3	2	7	6	1
9	1	3	6	8	7	2	5	4
8	6	5	4	2	9	1	7	3
2	4	7	1	5	3	8	9	6

#296

4	3	5	8	2	9	7	6	1
7	1	6	5	3	4	8	9	2
9	2	8	1	7	6	5	3	4
3	4	9	7	8	5	1	2	6
8	6	7	9	1	2	3	4	5
2	5	1	6	4	3	9	8	7
6	9	2	3	5	1	4	7	8
5	8	4	2	9	7	6	1	3
1	7	3	4	6	8	2	5	9

#297

8	4	9	6	3	1	7	2	5
1	3	7	2	4	5	8	6	9
6	5	2	9	8	7	1	4	3
4	8	5	7	2	9	3	1	6
7	2	6	4	1	3	5	9	8
3	9	1	5	6	8	2	7	4
5	6	8	1	9	2	4	3	7
2	7	4	3	5	6	9	8	1
9	1	3	8	7	4	6	5	2

#298

1	9	2	5	6	4	8	3	7
4	8	3	1	2	7	6	5	9
5	6	7	3	8	9	1	2	4
3	4	6	8	9	5	2	7	1
2	1	9	4	7	3	5	6	8
8	7	5	2	1	6	9	4	3
9	5	8	7	3	2	4	1	6
6	3	4	9	5	1	7	8	2
7	2	1	6	4	8	3	9	5

#299

2	6	5	1	3	9	7	8	4
4	7	9	8	2	5	6	3	1
1	3	8	4	6	7	2	9	5
9	2	1	7	5	6	3	4	8
8	5	3	9	4	2	1	7	6
7	4	6	3	8	1	9	5	2
5	8	2	6	7	3	4	1	9
6	9	7	5	1	4	8	2	3
3	1	4	2	9	8	5	6	7

#300

7	9	4	8	3	5	6	2	1
2	6	5	7	1	4	3	8	9
3	8	1	6	2	9	7	4	5
4	1	8	9	7	2	5	3	6
5	7	6	4	8	3	9	1	2
9	2	3	1	5	6	4	7	8
8	5	2	3	6	7	1	9	4
1	3	9	5	4	8	2	6	7
6	4	7	2	9	1	8	5	3